Baumer · Christa Wolf

Köpfe des 20. Jahrhunderts
Band 110

KÖPFE DES 20. JAHRHUNDERTS

Franz Baumer

Christa Wolf

MORGENBUCH VERLAG

Vom selben Autor sind in dieser Reihe lieferbar:
Band 10: Hermann Hesse
Band 18: Franz Kafka
Band 48: Ernst Jünger
Band 85: Erich Maria Remarque
Band 102: Carl von Ossietzky
Band 118: Arthur Schnitzler

Die Deutsche Bibliothek – CIP-Einheitsaufnahme

Baumer, Franz:
Christa Wolf/Franz Baumer. – Überarb. und erg. Neuaufl. –
Berlin: Morgenbuch Verlag 1996
(Köpfe des 20. Jahrhunderts; Band 110)
ISBN 3-371-00394-9
NE: GT

Überarbeitete und ergänzte Neuauflage

Satz: Volker Spiess, Berlin
Druck: Ebner Ulm
ISBN 3-371-00394-9

Reise ins Tertiär

»Einer preist die Reiter, ein andrer Fußvolk,
Einer viele Schiffe als allerschönstes
Gut der dunklen Erde, doch ich:
Wonach ein Liebender sich sehnt.«

Sappho

Die Verse der griechischen Dichterin, die um 600 vor unserer Zeitrechnung in Mytilene auf Lesbos geboren wurde, werden von Christa Wolf in der vierten ihrer Frankfurter Poetik-Vorlesungen zitiert. Für die Autorin beinhalten sie nach mehr als zweieinhalb Jahrtausenden auf der Folie eines Zeitalters der Metatechnik, der Umweltzerstörung und des Rüstungswahns so etwas wie einen von Hoffnungsschimmer umglänzten Leitfaden zur Errichtung einer menschlicheren Gegenwelt jenseits der Hoffnungslosigkeit. Den Poetik-Vorlesungen von 1982 folgte ein Jahr darauf die Erzählung *Kassandra*, deren Voraussetzung sie waren.
Wir dürfen davon ausgehen, daß die Erzählerin in ihrer Heldin, der griechischen Seherin, eine Identitätsfigur fand, in der sich nicht nur das Muster einer jahrtausendealten Unterdrückung des Weiblichen abzeichnet, sondern auch der unbeirrte Versuch, gegen die überkommenen Freund-Feind-Antinomien anzukämpfen. In ähnlicher Weise gilt für Christa Wolf, was sie in ihrem ebenso sensiblen wie analytisch scharfsichtigen Essay über Heinrich von Kleists *Penthesilea* feststellte: Dieser habe in der Geschichte der Amazonenkönigin, die ja auch in die der Kassandra mit hereinspielt, »das Material zu einer der vertracktesten Identifikationen, die ich kenne«, gefunden.
Christa Wolfs Identifikation mit ihrer Protagonistin ist weniger vertrackt. Denn die von ihr entmythologisierte Kassandra steht genau für jene Vision der Autorin, die sie nicht müde wird in »subjektiver Authentizität« wieder und wieder zu beschreiben. Es ist die vom kargen Ufer der Hoffnungslosigkeit und der Todesbedrohung aus beschworene

Utopie eines humanen Sozialismus weiblicher Prägung, eine Welt jenseits der Feindbilder und der Gegensätze, in der Liebe, Geborgenheit und Gewaltlosigkeit regieren. Einem Vorwurf der Realismusferne hält die Autorin entgegen: »Wenn wir zu hoffen aufhören, kommt, was wir befürchten, bestimmt.«

Die Spurensuche nach der Utopie aber führt, auf langen Wegen und Umwegen, schließlich ins Urgestein der mythischen Welt, zu vergessenen Schichten der Psyche und bis hinein in jenen magischen Bereich, in dem Raum und Zeit, antikes Griechenland und ehemals zweigeteilte deutsche Gegenwart, Alter und Kindheit, in eins übergehen. Darum auch führt, trotz aller Wandlung, eine Brücke vom späteren Werk der Christa Wolf zurück bis in die Träume der Kindheit. Sie gehören demselben Urgestein an. Und darum reist Christa Wolf auch in ihrem Buch *Kindheitsmuster*, wenn sie 1976 Landsberg an der Warthe, die Stätte ihrer Kindheit, das heute polnische Gorzów Wielkopolski, besucht, »ins Tertiär«.

Tertiär – das bedeutet nicht nur: »Erdgeschichtliche Periode, an deren Ende die Umrisse der Festländer und Meere bereits denen der Jetztzeit ähneln, die Gebirgsbildung im wesentlichen abgeschlossen ist, an Stelle der früheren Saurierformen Säugetiere die Erde bevölkern und Insekten und Vögel sich vielfach ihrer heutigen Gestalt genähert haben.« Tertiär, in dem der Mensch »noch abwesend« ist, heißt für Christa Wolf viel mehr. Tertiär ist für sie Metapher für alles scheinbar längst Vergessene, Verdrängte, das auf der Reise in die eigene Kindheit ebenso wiederentdeckt und ausgelotet werden muß wie die noch immer unbewältigte Vergangenheit. Die Autorin unterzieht sich diesem Abenteuer mit dem Wagemut des Forschers, der sich auf unbekanntem Terrain bewähren muß. Dabei wird der Gedächtniskompaß oft als trügerisch erkannt.

Wie aber sind unter diesen Umständen die frühen Kinderjahre ohne die Maske der Verfälschung freizulegen?

»Was ich über mich zu sagen habe«, so stellte Christa Wolf sich 1979 bei ihrer Aufnahme in die Deutsche Akademie für Sprache und Dichtung in Darmstadt vor, »kann nur kurz und trocken sein. Ich bin 1929 geboren, in Landsberg an der Warthe. Östliche Städte blieben mir das Muster für Städte überhaupt. Östliche Landschaften mit Fluß lösen in mir ein Gefühl von Wiedererkennen aus. Meine Eltern betrieben ein Lebensmittelgeschäft. Meine Kindheit fiel in die Herrschaftszeit des Nationalsozialismus. Mir die Prägungen bewußt zu machen, die aus dieser generationstypischen Lage entstanden, sie schreibend zu bearbeiten, das war ein elementarer Antrieb für spätere Arbeit.«

Das Mädchen, das am 18. März 1929 als Tochter der Kaufmannseheleute Ihlenfeld geboren wurde, um in kleinbürgerlich behütetem Milieu aufzuwachsen, dieses Mädchen unter der Obhut einer Mutter, zu deren Eigenschaften es gehörte, »schwarzzusehen« wie Kassandra, ist nicht mehr zu erreichen: »Nicht nur trennen dich von ihm vierzig Jahre«, schreibt die Autorin in ihrer Kindheitsrecherche, »nicht nur behindert dich die Unzuverlässigkeit deines Gedächtnisses, das nach dem Inselprinzip arbeitet und dessen Auftrag lautet: Vergessen! Verfälschen! Das Kind ist ja auch von dir verlassen worden. Zuerst von den anderen, gut. Dann aber auch von dem Erwachsenen, der aus ihm ausschlüpfte und es fertigbrachte, ihm nach und nach anzutun, was Erwachsene Kindern anzutun pflegen: Er hat es hinter sich gelassen ... Jetzt, obwohl es unmöglich ist, will er es kennenlernen.«

Derart kritische Vorbehalte bei der Suche nach der eigenen Herkunft machen auch den Biographen nachdenklich. Er hat vor allem einzusehen: nicht auf kalendarische Daten des äußeren Lebenslaufes kann es ankommen oder auf die Durchforstung des »Familiendschungels«, sondern vielmehr auf jene innerweltlichen Erlebnisse, die schließlich zur Ausformung einer Schriftstellerexistenz wie der von Christa Wolf geführt haben. Befragungen zu Details ihrer Biographie empfindet sie deshalb auch leicht als »Zudringlichkeit«, da sie selbst es sich schwer genug gemacht hat, »ins Tertiär« ihrer frühen Jahre und die Erlebniswelt ihrer von der Nazidiktatur geprägten Jungmädchenzeit einzutauchen. Und sie tat das in *Kindheitsmuster* mit bedingungsloser Ehrlichkeit sich selbst gegenüber. Dabei weiß sie: »Die Nachrichtensperre ist noch nicht aufgehoben. Was die Zensur passiert, sind Präparate, Einschlüsse, Fossilien mit einem furchtbaren Mangel an Eigentümlichkeit.« Sie weiß aber auch: »Im Zeitalter universalen Erinnerungsverlustes ... haben wir zu realisieren, daß volle Geistesgegenwart nur auf dem Boden einer lebendigen Vergangenheit möglich ist. Je tiefer unsere Erinnerung geht, um so freier wird der Raum für das, dem all unsere Hoffnung gilt: der Zukunft.«

Oft gleitet dabei die Erinnerung unvermittelt in den Traum hinein, und die Zeitebenen wie auch die der Erzählung mit ihrer auf weite Strecken autobiographischen Heldin Nelly Jordan überschneiden sich. Ein seit Ende der sechziger, Anfang der siebziger Jahre auftauchender neuer »intellektueller Orientierungsrahmen« ist festzustellen: Freud und die Psychoanalyse haben den Marxismus, das erste einschneidende Bildungserlebnis, das den »Seh-Raster« der Autorin prägte – in den achtziger Jahren wird er sich noch einmal einschneidend erweitern –, wenn nicht abgelöst, so doch entscheidend ergänzt. Vor dieser strengen Instanz, der ein ebenso unbestechliches Gewissen der Autorin entspricht, darf Erinnerungsverlust als Ergebnis eines Verdrängungsmechanismus nicht stattfinden. Darum auch die Nachkriegsfrage eines überlebenden kommunistischen KZ-Häftlings, die Nelly »zu einer Art von Motto« wurde: »Wo habt ihr bloß gelebt?«

Dann, als Hitler, dem die Heldin von *Kindheitsmuster* in hingebungsvoller Treue als BDM-Mädchen bis zuletzt gedient hat, tot ist, wird ihr rückerinnernd die Straße zum Lehrmeister: »Einmal sah Nelly schrecklich abgemagerte Frauen in Sträflingskleidern am Straßenrand hocken und sich entleeren, ihr nacktes Gesäß der Straße zugekehrt, gleichgültig, wer da vorbeikam. Sie haben keine Scham mehr, sagte Schnäuzchen-Oma und verriet ein schreckliches Wissen durch das Wort ›mehr‹. Nelly empfand heftig die Scham, die jene verloren hatten.«

Solche Sätze enthüllen mehr von der Atmosphäre einer Umwelt, der die Jugendliche ausgesetzt war, und mehr von den dadurch in Gang gesetzten Prozessen ihrer inneren Welt als alle Detailschilderungen eines Zeitabschnittes von der Ge-

burt der Schriftstellerin bis zum Ende der NS-Diktatur.
»Wer gäbe nicht viel um eine glückliche Kindheit?« – Mit dieser Feststellung eröffnet Christa Wolf das zweite Kapitel von *Kindheitsmuster*. War sie ihr beschieden? Hatte sie, das sensible, lebhafte Mädchen mit den großen, dunklen, fragenden Augen unter der von einer sogenannten »Schlummerrolle« aus kräftigem Schwarzhaar eingerahmten hohen Stirn, alles das empfangen, »wonach ein Liebender sich sehnt?« Wie Millionen anderer Jugendlicher glaubte dieses Mädchen, es sich durch Pflichterfüllung und Gehorsam einem autoritären Staatsapparat und seiner allgegenwärtigen pseudoreligiösen Ideologie gegenüber verdienen zu können: »Irgendwann hat es erfahren, daß Gehorchen und Geliebtwerden ein und dasselbe ist.«
Zum Gehorchen und Geliebtwerden aber gehört offensichtlich auch das tief im Menschen angelegte Anbetungsbedürfnis, so wie Dostojewski es in seiner Novelle vom »Großinquisitor« in *Die Brüder Karamasow* unübertroffen geschildert hat. »Es gibt keine Sorge«, heißt es da, »die den freien Menschen so ununterbrochen quälte wie diese, das Wesen so schnell es geht zu suchen, vor dem er sich in Andacht verneigen könnte; denn der Mensch sehnt sich danach, ihn drängt es, das anzubeten, das unbedingt und zweifellos ist, damit auf diese Weise alle Menschen ohne Unterschied in diese Andacht einwilligten. Denn die Sorge dieser erbarmungswürdigen Geschöpfe liegt nicht darin, den Gegenstand zu suchen, vor dem ich oder ein anderer uns verneigten, sondern eben jenen, an den alle glaubten, und vor dem sie dann in die Knie sänken, alle, alle zusammen.«
Diesem Sog ist auch Christa Wolf zeitweise erlegen. Wo aber die Sehnsucht nach Erkannt- und Geliebtwerden als Preis des Gehorsams und der Verehrung gegenüber einer allgemeingültigen Glaubensinstanz, das Verlangen nach Anbetung einer Macht, die das Wort »Einheit« auf ihre Fahnen schrieb, unter deren Schutzmantel doch alle schmerzlichen Antinomien zum Schweigen kommen, so mächtig ist, da nimmt es auch nicht wunder, wenn die Jugendliche zunächst eine Ideologiegläubigkeit durch eine andere ersetzt und die Göt-

ter der NS-Zeit und deren Einheitspartei durch die der marxistischen Ideologie austauscht. Auch in der DDR fand das ehemalige BDM-Mädchen Nahrung für seinen Idealismus und Geborgenheit in einer neuen Einheitsideologie. Es wäre jedoch falsch, diesen Wechsel zu banalisieren: er war von einer aufwühlenden Auseinandersetzung mit dem bisherigen Weltbild begleitet. Noch 1987, in ihrer Rede zum Geschwister-Scholl-Preis in München, sagte Christa Wolf: »Mit fünfzehn, sechzehn Jahren mußten wir beginnen, uns noch einmal hervorzubringen, eine Gunst, gewiß, aber vor allem die Verpflichtung zu einer zweiten Geburt, die lebenslänglich anhält. Schneller, leichter konnten wir Irrlehren, die Ideologie des Ungeistes durchschauen, als wir unsere tiefe Verunsicherung, die Verfügbarkeit durch Macht, den Hang zu Schwarzweißdenken und zu geschlossenen Gedankengebäuden überwinden konnten.«
Die junge Christa Ihlenfeld hatte von 1939 bis 1945 die Oberschule in Landsberg an der Warthe besucht und war nach den Erlebnissen einer grausamen Flucht mit dem Rest ihrer Familie – der Vater befand sich noch in russischer Kriegsgefangenschaft – in Mecklenburg gelandet. Von Kriegsende bis 1946 arbeitete sie als Schreibhilfe beim Bürgermeister in Gammelin bei Schwerin. Sie hatte sich, wobei wir den Text aus *Kindheitsmuster* auf sie beziehen dürfen, »schon daran gewöhnt, haftbar zu sein für die Ausführung von Befehlen, die weit über ihre Kompetenzen gingen«. Deshalb zog sie damals auch »mit einem Henkelkorb am Arm los und erbettelte, erdrohte, erzwang von den Bauersfrauen die Ablieferung von Eiern für dreißig Pfennig das Stück«, so wie Serjoscha, der Bursche des jungen sowjetischen Kommandanten, den sie bald »einfach Leutnant Petja nennen wird«, es befohlen hat.
Das energische Mädchen hatte eine neue Autorität gefunden, in deren Dienst es offensichtlich wiederum jene Pflicht- und Sinnerfüllung fand, zu der auch die frühe Erfahrung der Verquickung von »Gehorchen und Geliebtwerden« gehört. Nicht willkürlich drängte sich Dostojewski als Zeuge jenes Anbetungsbedürfnisses auf, dem wohl jeder in dieser oder

jener Form tributpflichtig ist. An dem großen russischen Epiker hat Christa Wolf später, als ihre »Sehnsucht nach Selbstverwirklichung« sie bereits von mancherlei Illusionen geheilt hatte, die Fähigkeit fasziniert, literarische Gestalten »erfinden« zu können, in denen innere und äußere Welt, Dichtung und Wirklichkeit zusammen mit allen Konflikten und Bedrängnissen des Autors untrennbar mit enthalten sind. Dostojewskis »Veranlagung, seine furchtbare Lebensgeschichte, seine krankhafte Empfindlichkeit für die moralischen Widersprüche seiner Zeit – sie waren es, die ihn zwangen, einen Raskolnikow aus sich herauszustellen, eine Welt um sich zu errichten, die nur scheinbar aus den Bausteinen der materiellen Welt gemacht ist«, formuliert sie 1968 in dem Essay *Lesen und Schreiben.*

Ihre Empfindlichkeit gegenüber der trivialen Neugier auf biographische Oberflächendetails entspringt ihrem stets gegenwärtigen Bestreben nach jener »subjektiven Authentizität«, in der sich gleich einer vierten Dimension des Schreibens »aus den Bausteinen der materiellen Welt« und deren schmerzlicher Verarbeitung erst die wahre Wirklichkeit ergibt. Es ist dies eine Authentizität der Amalgamierung des eigenen Ich im verantwortlich reflektierten Wort. Dabei muß manches tabuiert werden, »damit in der Zone der unausgesprochenen Wörter Scham und Scheu und Ehrfurcht sich halten können«.

Bei der schon erwähnten rigorosen Wahrheitsliebe und Ehrlichkeit der Autorin sich selbst gegenüber, erscheint auch ihre Antwort auf die Fragen neugieriger Leser nach dem »autobiographischen Kern« des Erzählten legitimiert: »Diesen Versuch, mich zu unfreiwilligen und überdies unwichtigen und irreführenden Geständnissen zu verleiten, schlage ich mit dem Hinweis ab, daß sich die Mühe des ›Verarbeitens‹ nur lohnt, wenn sie nicht später durch leichtfertiges Ausplaudern zunichte gemacht wird.« So schreibt sie in einem ihrer Selbstzeugnisse, dem unter dem Titel *Sinn und Unsinn von Naivität* veröffentlichten Brief an einen Verlagslektor im August 1973.

Christa Wolfs Reise »ins Tertiär« ihrer eigenen Herkunft ist, aufs engste mit der Zeit des Nationalsozialismus verknüpft, nicht nur ein Stück Vergangenheitsbewältigung, sondern auch Trauerarbeit. In dem erwähnten Brief wird die »erschütternde, die ganze Person ergreifende Erfahrung« ausgesprochen, die den Prozeß des notwendig gewordenen Umdenkens begleitete, und, so heißt es weiter, »wer sich jene Untaten, zu denen wir alle ausersehen gewesen und denen wir ohne unser Verdienst knapp entgangen waren, ernsthaft vor Augen hielt, konnte, wie der Reiter über den Bodensee, an dem Schock nachträglich zu Boden gehen«. Von »dem tiefen, nachhaltigen Entsetzen vor der Barbarei, die, solange von uns geleugnet, von unserem Land ausgegangen war«, ist da die Rede und davon, daß es mit diesem Entsetzen allein nicht getan sei: »Wenn die Denk-Fehler erkannt, bereut, unter nicht geringer Anstrengung korrigiert waren, Ansichten und Meinungen, das ganze Weltbild sich radikal verändert hatten – die *Art* zu denken war nicht so schnell zu ändern, und noch weniger waren es bestimmte Reaktions- und Verhaltensweisen, die, in der Kindheit eingeschleust, die Struktur der Beziehung eines Charakters zu seiner Umwelt weiter bestimmen: die Gewohnheit der Gläubigkeit gegen übergeordnete Instanzen, der Zwang, Personen anzubeten oder sich doch ihrer Autorität zu unterwerfen, der Hang zur Realitätsverleugnung und eifervollen Intoleranz.«

Und noch später, im Frühjahr 1980, wenn Christa Wolf in Athen auf der Akropolis vor die Koren des Erechtheions treten wird, wird sie über die Gesichter der steinernen Mädchen Tränen strömen sehen. Mögen auch Umweltgifte die Wangen der Gebälkträgerinnen zerfressen haben: daß der Stein weint, ist durchaus keine Metapher, eher schon Zeichen dafür, daß selbst das klassische Griechenland, eine der Säulen am Geburtshaus Europas, unter einem Tränenschleier gesehen wird. Denn, so heißt es in der ersten Poetik-Vorlesung, der Ausdruck unseres Jahrhunderts ist der »der Trauer, der, als bekäme ich von innen her einen Stoß, in mir ein Echo findet«.

Solche Empfindung ist in ihrer ganzen Tragweite wohl nur zu verstehen, wenn sie als Ergebnis jenes »nachhaltigen Entsetzens« gedeutet wird, das die Autorin ergriff, als sie auf der Suche nach ihrer Kindheit, die sie wie jedermann gern als eine glückliche wiedergefunden hätte, auf die Barbarei stieß – als ihr »wie von selbst im Laufe der Jahre jenes Kinderland in den Schatten von Auschwitz« rückte. Dabei spielte diese Kindheit sich keineswegs im Hause einer fanatischen Nazifamilie ab. Als Inhaber eines nach und nach sich vergrößernden Lebensmittelgeschäfts verhielten sich die Eltern nicht anders als fast alle anderen Volksgenossen auch: eben bieder systemkonform. Man hatte sich nach der Decke zu strecken. Gegen den Stachel zu löcken, wenngleich die Mutter gegen Kriegsende dazu neigte, wäre undenkbar gewesen. Und wenn aus dem neuen Mende-Radio, das sicher viel prestigeträchtiger war als ein billiger Volksempfänger, wie er in jedem Haushalt stand, Musik und Nachrichten gehört wurden, lag die Möglichkeit, »die Skala nach verbotenen Stationen abzusuchen«, jenseits des Wünschbaren.

Natürlich ist die kleine Christa von den Soldaten und vom Krieg begeistert, am meisten aber vom obersten Feldherrn, ihrem Führer, dem sie, die stets Liebeheischende, ja auch als treues BDM-Mädchen dient. Darüber hinaus aber kennt die Phantasiebegabte vielerlei Ängste. Es sind nicht nur die von Hänsel und Gretel, die der bösen Hexe ins Netz gingen, sondern vor allem jene vor der eigenen, noch unerforschten Seele. Aufgeregt, bis zur fiebrigen Erkrankung, sitzt sie zu Weihnachten im Stadttheater, wenn der *Froschkönig, Schneewittchen* oder *Das tapfere Schneiderlein* gespielt werden, und immer wieder klammert sich das Erinnerungsvermögen dieses Kindes »mit Vorliebe an unheimliche, beängstigende und demütigende Stoffe«. Dann wieder ist das kleine Mädchen ganz Dichterin, sieht einen gelben, rotumrandeten Topflappen, der wie es selbst eine menschliche Mutter hat, die aber schon tot ist, weshalb das Topflappenkind im Mondschein hinter einer Eule her durch die Lüfte fliegen muß, während eine Katze Eierbecher in den zu Menschenhänden geformten Pfoten hält und ein böser Aschenbecher bedrohlich angeflogen kommt, der das Kind in Angst versetzt, so daß es zurück zur toten Topflappenmutter fliegt, deren Herz jetzt wieder zu schlagen beginnt und die das Kind nun mit nach Hause nehmen und aufpassen kann, »daß keine Bösen mehr kommen«.

Seine Zähne putzt das Mädchen natürlich nur mit Paste von Blendax; denn »Blendax-Kinder nah und fern haben Blendax-Maxe gern«. Chlorodont zu verwenden »wäre ihr, als Verrat, undenkbar gewesen«. Verrat an den heiligsten Gütern des Vaterlandes wäre es auch, in laxer Haltung oder gar schwätzend – »Wir sind doch hier nicht in der Judenschule, zum Kuckuck noch mal!« – an der Flaggenehrung teilzunehmen, wo doch auch der Führer »Tag und Nacht für uns« arbeitet.

Dessen ungeachtet trägt das kleine Mädchen stets, und das auch während des Schulunterrichts, einen »Zauberkorken« als Talismann mit sich herum. Es gibt ja so viele Dinge, die gefährlich werden könnten, handelt es sich doch um ein Mädchen, das nicht ohne Ehrgeiz ist und überall nach Vorbildlichkeit, ja Vollendung strebt. Sogar die Überzeugung, »daß Krieg und Angst und Tod ein und dasselbe sind«, stellt sich allmählich ein. Trotzdem ist es schockierend, wenn die Mutter, die schwarzseherische Kassandra, bei Eintreffen des Stellungsbefehls für den Vater das Idol Christas im Stich läßt, indem sie sich den Ausruf gestattet: »Ich scheiß auf euren Führer!«

Von einem starken Über-Ich, würden die Psychologen sagen, ist dieses Kind von früh an geprägt. Wie hätte es sonst, fünfjährig, die Kraft gefunden, den im Dämmerlicht in ihm aufsteigenden Wachtraum von dem buckligen Männchen, das als Mörder mit dem Messer kam, um das kleine Brüderchen zu durchbohren, zu überwinden und mit Aufbietung aller Kräfte aus dem Kinderzimmer zur Mutter zu schleichen, damit diese den Rivalen ihrer Liebe rette? Ein Wunschtraum als Ersatzhandlung, nicht unähnlich der Geschirrzertrümmerung des kleinen Goethe, der bekanntlich alle Teller aus dem Haus im Frankfurter Hirschgraben auf die Straße warf, als die nachmals so geliebte Schwester geboren wurde. Der später gleichfalls sehr geliebte Bruder warf im Kleinkindalter noch »die brennende Frage« auf, »ob Liebe wirklich um ein Stück kleiner wird, wenn man sie unter mehrere aufteilt«. Es war die frühe Zeit der Verstellungen und der zu verheimlichenden bösen Gedanken, die neben allen Märchenbildern einherliefen. Da gab es einerseits die nie zu sehen, geschweige denn zu fassen gekriegten Blindschleichen, für die es nur die eine Erklärung gab: sie »waren verwunschene Königskinder, die sich versteckt hielten, zierliche goldene Krönchen auf ihren fingerschmalen Schlangenköpfchen balancierten und mit gespaltener Zunge lispelnd nach ihren ebenfalls verwunschenen Geliebten riefen«. Andererseits aber sehnte sich das Kind, auch wenn sein Name in *Kindheitsmuster* Nelly ist, »inständig nach einer Tarnkappe, die ihr helfen könnte, Ungeheuern, bösen Menschen, Zauberern und Hexen zu entkommen, vor allem aber der eigenen aufdringlichen Seele«.

Meisterlich hat Christa Wolf gerade aus der Skepsis gegenüber unserem Gedächtnis heraus ihre Kindheitserinnerungen rekonstruiert. Beispielhaft hierfür ist das »weiße Schiff«, eine Erinnerung, in der Phantasie und Wirklichkeitsgedächtnis einander ergänzen. Die Achtjährige hatte das weiße Schiff in Swinemünde gesehen, wohin sie zur Ausheilung eines Bronchialkatarrhs geschickt worden war. Es löste dort sowohl »ein sommerlich leuchtendes Bild« in ihr aus als auch Heimweh und Angst. Kindliche Angst, die Mutter zu Hause könnte plötzlich gestorben sein. Angst aber auch vor einem Krieg; denn dieses makellose Schiff war in der Vorstellung des Kindes »sehr schön und bedeutete Krieg«. Das vage Wissen um diese Zusammenhänge bestätigte sich später, als sich herausstellte, daß das Kind im *Generalanzeiger* vom 31. Mai 1937 ein Foto vom Stapellauf des KdF-Schiffes »Wilhelm Gustloff« gesehen hatte und daß in derselben Nummer dieses Blattes auch vom Bombardement des Panzerschiffes »Deutschland« durch rotspanische Flugzeuge berichtet wurde. Das »weiße Schiff« assoziierte also »Vorkrieg«, indem es mit der aus dem spanischen Bürgerkrieg herrührenden und von der Achtjährigen mitempfundenen Kriegsfurcht der Ostseeurlauber in Verbindung gebracht wurde. Die Furcht war nicht unbegründet, handelte es sich doch um den nationalsozialistischen Vor-

bereitungsschauplatz für den zwei Jahre später beginnenden Weltkrieg, der mit der gleichfalls im Jahre 1937 erfolgten völligen Zerstörung der offenen Stadt Guernica durch ein auf faschistischer Seite kämpfendes deutsches Luftwaffengeschwader sein makabres Vorspiel fand.
Zunächst aber nimmt dieser Krieg in den Augen des Kindes die Gestalt eines zukunftsweisenden Abenteuers an. Zehn- bis zwölfjährig erlebt es die euphorischen Sondermeldungen im Radio vom siegreichen Vorstoß der deutschen Truppen an allen Fronten, erfährt es vom Einsatz modernster Waffen, wie etwa dem des überlegenen Nahaufklärers »Focke-Wulf 189«, hört im Herbst 1941, daß sich das Schicksal der Sowjets nunmehr vollziehen wird – lauter erhebende Eindrükke, zu denen auch ein Foto mit dem Titel »Mütter am Pflug« gehört, das die Bedeutung und Kameradschaft der Frauen im Krieg unterstreicht, der dessen ungeachtet die Gefallenen-Anzeigen allmählich auf »mehr als eine Zeitungsseite« ansteigen läßt. Über eine solche Jugend reflektiert dann die spätere Autorin: »Die schwersten Schäden, die man euch angetan hat, werden nicht zur Sprache kommen. Die lebenslangen Folgen des Kindheitsglaubens, einmal werde die Welt vollkommen sein.«
Und war die Welt nicht schon auf dem Weg dorthin, in den Augen des Kindes? Während Chaos und Unmenschlichkeit wachsen, in der Wannsee-Konferenz die »Endlösung der Judenfrage« beschlossen wird und Himmler, Eichmann oder Höß, der spätere Kommandant von Auschwitz, mit vielen anderen NS-Verbrechern ihr schauriges Mörderwerk beginnen, sieht Nelly im Kino »Hans Albers in ›Trenck der Pandur‹, Heinz Rühmann in ›Hauptsache glücklich!‹, Willy Birgel in ›... reitet für Deutschland‹, Luise Ulrich in ›Mutterliebe‹ und Ilse Werner in ›U-Boote westwärts‹.«
Das wird sich ändern, im April 1945, als die knapp Sechzehnjährige sich unter Tieffliegerbeschuß auf der Flucht befindet: »So nah«, schreibt Christa Wolf zwanzig Jahre später, »hatte ich den Krieg nie gesehen. Ich erfuhr, daß es etwas anderes ist, tote, zerfetzte ›Feinde‹ im Kino auf der Leinwand zu sehen, als selbst plötzlich einen erfrorenen stei-

fen Säugling im Arm zu haben und ihn der Mutter geben zu müssen; etwas anderes, das Wort ›Kommunist‹ immer nur im Zusammenhang mit ›Verbrecher‹ flüstern zu hören, als plötzlich, in einer kalten Nacht, nach vielen Wochen auf der Landstraße, nach vielen nie für möglich gehaltenen Bildern, neben einem deutschen Kommunisten in KZ-Kleidung am Feuer zu sitzen.« Zu dieser Zeit, heißt es in *Kindheitsmuster* über Nelly, ist »die Verbindung mit ihr selbst abgebrochen«, und »alles, was ihr begegnet«, überzieht »ein Glanz unheimlicher Fremdheit«.

In der autobiographischen Erzählung *Blickwechsel* von 1970 wird der Schrecken der Flucht noch einmal beschworen. Da stirbt der Vorarbeiter Wilhelm Grund an einem Bauchschuß nach einem Tieffliegerangriff. »Braver Junge«, sagt der Grundherr zum Landarbeitersohn, der vor dem Toten zusammenbricht: »Dein Vater ist wie ein Soldat gefallen.« Die Autorin aber erinnert sich: »Dies glaubte ich eigentlich nicht. So war der Soldatentod in den Lesebüchern und Zeitungen nicht beschrieben, und der Instanz, mit der ich ständig Kontakt hielt und die ich – wenn auch unter Skrupeln und Vorbehalten – mit dem Namen Gottes belegte, teilte ich mit, daß ein Mann und Vater von vier Kindern nach meiner Überzeugung nicht auf diese Weise zu verenden habe.«

Während »Feuer an den Himmel« schlägt, sucht die Sechzehnjährige, zusammen mit dem kleinen Bruder, die Mutter im Wald, bebend vor unterdrückter Angst, diese hätte sich dort etwas angetan, hatte sie, die den Krieg und seine Verbrechen längst verfluchte, doch gesagt: »Ich häng mich auf.« Die Geschwister nahmen das wörtlich. Doch die Mutter, »jede Woche knochiger und magerer«, kehrt aus dem Dorf zurück und wirft »ein Säckchen Mehl auf den Handwagen«. Wie kann man da gleich in der Gegend umherlaufen und die Leute wild machen, »was habt ihr euch bloß gedacht?«, tadelt sie. »Und wer soll den Bauern das Zeug aus der Nase ziehen, wenn nicht ich?« (Der Vater war ja noch in Kriegsgefangenschaft und kam erst als Spätheimkehrer wieder, ein Mann im übrigen, der sich als Soldat geweigert hatte, Kriegsgefangene zu schikanieren.) Die Mutter »spannt sich vor den

Wagen, mein Bruder und ich schieben an, der Himmel gibt unheimlich Feuerwerk dazu, und ich höre wieder das feine Geräusch mit dem der biedere Zug *Wirklichkeit* aus den Schienen springt und in wilder Fahrt mitten in dichteste, unglaublichste Unwirklichkeit rast, so daß mich ein Lachen stößt, dessen Ungehörigkeit ich scharf empfinde«.
Wer dieses Lachen erfährt, und noch dazu so früh, diesen Blitz aus einer raum- und zeitlosen Zone des Seins, wie er zuweilen in Ausnahmesituationen äußerster Gefahr oder explodierender Ängste sich einstellt, um alle bisher gekannten Vorstellungen von Wirklichkeit zu zerreißen, der wird dieses Erlebnis kaum je wieder vergessen. Etwas von jenem Irrsinn haftet ihm an, den wir als ungehörig empfinden, der den alten Völkern aber als heilig galt, als Begleiterscheinung des Sehertums. Wird hier schon die Tür aufgeschlossen, die zur späteren Kassandra-Erfahrung führt?
Der Treck, in dem Christa Ihlenfeld 1945 mit ihrer Familie nach Mecklenburg zieht, nimmt, wie sie erst Jahre danach erfahren sollte, die gleiche Richtung wie der Zug der fünfunddreißigtausend Häftlinge aus dem KZ Sachsenhausen, den die SS-Wachmannschaft vor sich hertreibt, wobei fast zehntausend von ihnen auf diesem Todesmarsch erschossen werden.
Wer, wie Christa Wolf, ausgestattet mit der Sensibilität einer poetischen Existenz und dem moralischen Imperativ nach vollkommener Aufrichtigkeit, unser Jahrhundert und das eigene Ich bis »ins Tertiär« hinein abklopft, kommt um die Einsicht in den tragischen Aspekt des Lebens und der Geschichte, insbesondere aber des eigenen Zeitalters, nicht herum. Brückenschläge in die Vergangenheit, ins klassische Altertum, als raumzeitliches Pendant zur Gegenwart, können diese Erfahrung nur bestätigen.
Die Schriftstellerin, welche die Verse jener fernen Dichterin, die nur preisen wollte, »wonach ein Liebender sich sehnt«, in unsere Nähe rückt, sieht denn auch in den Schauern, der Schuld, dem Unglück und all den düsteren Vorhersagen, wie schon die griechische Tragödie sie kennt, nur schwache Spiegelungen der Maßlosigkeit unserer eigenen Zeit: »Welche

Prophezeiung könnte uns noch überraschen, uns Ach- und Wehrufe entlocken wie dem Chor der argivischen Greise die Ankündigung, daß sein König gerade von seiner Königin geschlachtet wird? Sind wir nicht jenseits aller Verkündigungen und Prophezeiungen, also jenseits der Tragödie?«

Wer dagegen glaubt, die unsägliche »Gnade der späten Geburt« ins Feld führen zu können, um Vergangenheitsbewältigung zu vermeiden, an den allerdings dürfte ein Schlüsselwort von Christa Wolf vergeudet sein: »Nicht, um unnötigerweise gesellschaftliche Kräfte an die Vergangenheit zu binden, sondern um sie produktiv zu machen für die Gegenwart, hat eine andauernde unerschrockene Arbeit gerade an jenen Vergangenheitskomplexen stattzufinden, deren Berührung schmerzt.«

Der neue Mensch

Vier Jahre nach Kriegsende macht Christa Wolf als Zwanzigjährige in Bad Frankenhausen ihr Abitur. Ins gleiche Jahr 1949 fällt auch der Beginn ihres Germanistikstudiums, das sie nach Jena und Leipzig führt, sowie ihr Eintritt in die SED. Dem zwei Jahre früher erfolgten Umzug in die Kleinstadt am Südfuß des Kyffhäusers waren 1947 der Besuch der Oberschule in Schwerin und der durch Krankheit erzwungene Aufenthalt in einem Lungensanatorium vorausgegangen. Als die damalige Christa Ihlenfeld 1951 den ein Jahr älteren Germanisten und Essayisten Gerhard Wolf heiratet – sie arbeitet seitdem auch beruflich mit ihm zusammen, an Filmprojekten zum Beispiel oder an Anthologien –, ist sie mitten im Studium. Sie gehört zum Schülerkreis von Hans Mayer, der 1948 einem Ruf von Frankfurt am Main nach Leipzig gefolgt war, weil er sich in dem Land zwischen Elbe und Oder die Verwirklichung eines Sozialismus humaner Prägung erhofft hatte. Der bekannte Literaturwissenschaftler war in den fünfziger Jahren zum Leitbild geworden, zu einer unübersehbaren Institution innerhalb der geisteswissenschaftlichen Welt der DDR. Zu seinen Vorlesungen zu pilgern gehörte zum guten Ton der germanistischen Seminare aller anderen Universitäten des Landes. Als der Professor 1963 aus Bayreuth, wo er die Wagner-Festspiele besucht hatte, nicht mehr in die DDR zurückkehrte, hinterließ dieser Grenzwechsel bei vielen Studenten ein schmerzliches Vakuum; denn Hans Mayer stand, wie Rolf Schneider, einer seiner ehemaligen Schüler, schrieb, »für eine souveräne Verbindung von Marxismus und Ästhetik, für einen Umgang mit den schönen Künsten, der politisch engagiert, aber nicht borniert war«.

Bei diesem Hochschullehrer schließt Christa Wolf 1953 mit einer Diplomarbeit über »Probleme des Realismus im Werk

Hans Falladas« ihr Studium ab. Sie ist bereits Mutter. Schon 1952 war die erste Tochter, Annette, zur Welt gekommen, eine zweite, Katrin, wird dem jungen Ehepaar Wolf vier Jahre später geboren.
Die frühesten Berufsvorstellungen der jungen Frau reichen bis in die Kinderzeit zurück. In *Über Sinn und Unsinn von Naivität* schreibt die Autorin: »Aber eine Kindheit, zwischen private Trivialität und öffentlichen Fanatismus gespannt, kann womöglich keinen anderen Ausweg finden als eine geheime Überspanntheit und den Versuch, ihr mit einem handgreiflichen Beruf zu begegnen: zum Beispiel Lehrerin, was ich bis zu meinem einundzwanzigsten Jahr in alle Fragebögen schrieb.« Doch das schon seit Kinderzeiten herrührende Verlangen, »sich verwandeln, sich vervielfältigen zu können«, führt schließlich zur Literatur, zum Schreiben. Dabei ist allmählich »aus einem lauen Bedürfnis ein Zwang« geworden, »der sich über alle Gebote hinwegsetzt, denen man etwa sonst noch unterworfen ist – einfach dadurch, daß er einen das Mittel an die Hand gibt, wenigstens vorübergehend mit sich selbst übereinzustimmen«.
Wer schreiben so sehr als »innere Notwendigkeit« empfindet – ein Kriterium, dem der Maler Wassily Kandinsky jedes wahre Kunstwerk unterwarf –, der beginnt damit, auch wenn andere Berufsbilder zunächst in den Vordergrund rücken, schon früh. »Ich wußte immer«, gestand Christa Wolf einmal, »daß ich ›eigentlich‹ schreiben wollte, und ich schrieb auch ...«
Die frühen Schreibversuche – Gelegenheitsgedichte, kleine tagträumerische Erzählungen oder emotionale Freundinnenbriefe – reihten sich in »jene lebenswichtigen Vorformen naiver Kunstübung« ein, »deren Entzug für das Kind verheerende Folgen hätte und aus denen das Bedürfnis wachsen kann, sich schreibend auszudrücken«. Unter die Augen des Lesers gelangt ist von diesen Zeugnissen jugendlicher Sehnsüchte und Selbsterfahrungen nichts, auch nicht das Tagebuch der Christa Ihlenfeld, das von ihr, als Krieg und NS-Zeit vorüber waren, verbrannt wurde. Eine Art Autodafé? Bezeichnenderweise vollziehen diesen »symbolischen Bruch

mit der eigenen, vom Faschismus geprägten Kindheit und Jugend« auch, worauf Sonja Hilzinger in ihrer Biographie über Christa Wolf hinweist, Vera Brauer in der *Moskauer Novelle,* Rita Seidel in *Der geteilte Himmel,* Christa T. in *Nachdenken über Christa T.* und Nelly Jordan in *Kindheitsmuster.* Alle diese literarischen Protagonisten verbrannten nach dem Krieg ihr Tagebuch.

Mit dem Jahre 1945 beginnt für Christa Wolf die Welt im Zeichen der Entwicklung sozialistischer Verhältnisse neu. Das Ende der Nazizeit hatte in dem ebenso pflichtbewußten wie begeisterungsfähigen und nachdenklichen Mädchen mit dem Zusammenbruch aller seiner Ideale eine beträchtliche Leere geschaffen. Hier nun vermochte die kommunistische Utopie, die vielleicht mehr noch als jeder andere Glückstraum in der Geschichte der Menschheit eine Affinität zum Vakuum und zum menschlichen Ergänzungs- und Vollendungsbedürfnis hat, einzudringen. Als komplettes Welterklärungs- und Erlösungssystem forderte die kommunistische Heilslehre den altruistischen Dienst an der Gemeinschaft, wobei die Devise der NS-Ideologie »Du selbst bist nichts, dein Volk ist alles!« mühelos durch den in der DDR propagierten »Übergang vom Ich zum Wir« zu ersetzen war. Daß dabei auch die Partei in allen persönlichen, moralischen und politischen Fragen recht haben sollte – »Die Partei, die Partei, die hat immer recht!« –, brauchte dann, vier Jahre nach Kriegsende, die neugebackene zwanzigjährige SED-Genossin als Mitarbeiterin am neuen Zukunftsparadies nicht zu stören, erklärte diese Partei sich doch als die nachgerade mystische Verkörperung dieses »Wir« und als dienende Vollstreckerin menschheitsbeglückender Pläne.

Als Christa Wolf sich bereits auf dem differenzierten Weg der Selbstverwirklichung von ihrer systemkonformen Gläubigkeit getrennt und den furchtbaren Widerspruch von Utopie und Wirklichkeit durchschaut hat, zur Zeit ihrer Arbeit an *Kassandra,* spricht sie in der vierten Frankfurter Poetik-Vorlesung noch von »jener frühen entschiedenen Veränderung, die mein Denken, meine Sicht und mein Selbst-Gefühl und Selbst-Anspruch vor mehr als dreißig Jahren durch die

erste befreiende und erhellende Bekanntschaft mit der marxistischen Theorie und Sehweise erfuhren«.
Zu dieser Theorie und Sehweise gehört auch die Projektierung des »neuen Menschen«. Der »neue Mensch« – ein Zauberwort jedweder politischen oder religiösen Utopie, ein uralter Menschheitstraum, der sich von Homer und von der Bibel über die Romantik bis hin zu Julian Huxleys »evolutivem Humanismus« immer wieder einstellt. In der marxistisch-leninistischen Heilslehre ist der »neue Mensch« Voraussetzung für die Errichtung des irdischen Paradieses.
Um diesen »neuen Menschen« und das ihm angemessene gesellschaftliche Umfeld, das eine Domäne von Harmonie und Lebensganzheit werden sollte, in der alle tragische Zersplitterung beseitigt ist und alles Liebesbedürfnis und jeglicher Zwiespalt sich in beglückender Einheit aufgehoben finden, geht es letztlich auch der jungen Christa Wolf. Sie selbst ist ja auf dem Wege, ein neuer Mensch zu werden. »Der neue Mensch, hörte sie sagen und begann, in sich hineinzublicken ...« So heißt es 1968 in *Nachdenken über Christa T.* Wenn dieser »neue Mensch« drei Jahre später, in der 1971 geschriebenen, erstaunlich scharfen Satire *Ausflug nach H.* (erst 1980 und nur in der Bundesrepublik veröffentlicht) dann auch, »endgültig programmiert«, nur noch als Zerrbild seiner selbst und bedauernswertes Kollaborat einer konformistischen Literatur- und Kulturpolitik erscheint – eine wichtige Wegmarke blieb er doch. Noch 1976, in *Kindheitsmuster,* notiert Christa Wolf, nun ebenfalls in kritischer Reflexion: »Sich von Grund auf ändern. Ein ›neuer Mensch‹ werden. Filme, in denen ihr den ›neuen Menschen‹ beklommen agieren saht. Dies sollte er sein? Der neue Mensch als eine Vision, der nachzustreben so hoffnungslos wie unerläßlich ist. Die neue Schicht von Ängsten, die sich über die alte legt: Wieder scheint es vorherbestimmt, daß ihr versagen müßt.«
Der Widerspruch von Utopie und Wirklichkeit klafft nunmehr schmerzlich auseinander. Doch es gehört zur Dialektik der Geschichte, daß ihr wesentliche Bewegungsenergien aus der Utopie zuwachsen, daß sie der Utopie bedarf. Darum ist es ebenso »hoffnungslos wie unerläßlich«, immer wie-

der utopische Forderungen als Leitbilder des Humanen aufzustellen. Und darum ist Christa Wolf wohl auch dem sozialistischen Lager treu geblieben. Da sie aus »Sehnsucht nach Selbstverwirklichung« schreibt, aber auch, um beim Leser ihrer Prosa »seelische Kräfte freizusetzen«, was beides nicht im luftleeren Raum, wohl aber in Gesellschaftsformen, »die der Menschheit eine Zukunft geben«, geschehen kann, ergibt sich für sie eine »tiefe Übereinstimmung zwischen dieser Art zu schreiben und der sozialistischen Gesellschaft«. So jedenfalls schrieb sie 1971 in ihrem Essay *Lesen und Schreiben.*

Mit der ihr eigenen Energie, angereichert durch den neuen »Seh-Raster« der marxistischen Lehre, beginnt die vierundzwanzigjährige Germanistin 1953 eine wissenschaftliche Mitarbeit beim Deutschen Schriftstellerverband. Sie betätigt sich hauptsächlich als Literaturkritikerin für dessen Zeitschrift *Neue deutsche Literatur.* Zunächst sind dabei die Postulate des ungarischen Kulturphilosophen und marxistischen Literaturtheoretikers, Kritikers und Ästhetikers Georg Lukács verbindlich, der in seiner Romantheorie einen rigorosen und stark ideologisierten Realitätsbegriff im Sinne des »Sozialistischen Realismus« vertritt. Die junge Literaturwissenschaftlerin legt in ihren Buchkritiken strenge Maßstäbe im Rahmen dieser ideologisierten Ästhetik an. Sie wird 1956 Cheflektorin des Jugendbuchverlages »Neues Leben« und ein Jahr darauf (bis 1977) Mitglied des Vorstandes des Deutschen Schriftstellerverbandes.

Eine arbeitsreiche Karriere mit Privilegiertenstatus bahnt sich an. Eine erste Reise in die Sowjetunion, der weitere folgen, findet 1955 statt, fünf Jahre später der erste Besuch der Bundesrepublik. Bis 1959 bleibt Christa Wolf Mitarbeiterin beim Schriftstellerverband, dessen Zeitschrift sie in diesem letzten Jahr als Redakteurin betreut. Sie ist in dieser Zeit, wie Sonja Hilzinger feststellt, »durchaus als Repräsentantin der herrschenden Literaturdoktrin« zu sehen, wenngleich sie sich von anderen Kritikerinnen darin unterscheidet, »daß sie weniger dezidiert marxistische Positionen als vielmehr marxistisch geprägte, antifaschistische Positionen« einnimmt.

Mit ihrem Mann, der siebenjährigen Annette und der dreijährigen Katrin zieht Christa Wolf 1959 nach Halle an der Saale, wo die Familie »in einer stillen Seitenstraße namens Amselweg« wohnt, »durch die der Chemiegestank von Leuna und Buna« zieht. Als freiberufliche Lektorin beim dortigen Mitteldeutschen Verlag gibt sie mehrere Anthologien zeitgenössischer DDR-Literatur heraus und wirkt in den damals aufkommenden »Zirkeln schreibender Arbeiter« mit.
Zum eindrucksvollen Erlebnis wird ihr eine praktische Tätigkeit im VEB-Waggonbau-Betrieb Ammendorf, zu der sie sich studienhalber unter dem Eindruck eines Aufrufs von Walter Ulbricht gemeldet hatte. Im Zuge der sozialistischen Kulturrevolution hatte der Staatsratsvorsitzende im April 1959 auf einer Autorenkonferenz des Mitteldeutschen Verlages im Elektrochemischen Kombinat Bitterfeld sowohl für Arbeiter wie für Berufsschriftsteller die Parolen »Stürmt die Höhen der Kultur« und »In die Betriebe« ausgegeben. Die meist jungen Romanautoren der 1964 abgebrochenen »Bitterfelder Bewegung« schrieben hauptsächlich für eine jüngere Leserschicht, der sie in den Jahren der politischen und wirtschaftlichen Aufbauphase der DDR mit ihrem bedingungslosen Bekenntnis zum Sozialismus und unter Vernachlässigung individueller Weltsicht den »neuen Menschen« des marxistischen Denkschemas vor Augen führten. Als Zeugen dieser Literaturgattung wären hier etwa Hermann Kant mit seinem Roman *Die Aula*, Erik Neutsch mit *Spur der Steine*, Brigitte Reimann mit *Die Geschwister* oder Erwin Strittmatter mit *Ole Bienkopp* zu nennen.
In der Tradition dieses »Bitterfelder Weges« (mit dem eine andere, jüngere Autorin, Monika Maron, in ihrem 1981 nur in der Bundesrepublik erschienenen Roman *Flugasche* eine herbe Abrechnung hielt) sowie als Niederschlag ihrer Erfahrungen mit den Arbeitsbrigaden der Waggonbaufabrik ist Christa Wolf 1963 veröffentlichter Roman *Der geteilte Himmel* zu sehen. Doch ihr Erstlingswerk, die *Moskauer Novelle*, für das sie den Kunstpreis der Stadt Halle erhielt, erschien schon zwei Jahre früher.
Aber was heißt Erstlingswerk? Zwölf Jahre später nimmt die

Autorin selbst dazu Stellung in ihrer Betrachtung *Über Sinn und Unsinn von Naivität:* »Erstlingswerk! – Übrigens gibt es das überhaupt nicht. Immer noch frühere Versuche in immer noch jüngeren Jahren fallen einem ein, von halb und dreiviertel ausgeführten Roman- und Dramenplänen über Tagebücher, politische und private Gelegenheitsdichtungen, gefühlsgesättigte Briefwechsel mit Freundinnen bis hin zu den kindlichen Märchenerfindungen«. Sie übt allerdings auch schonungslose Kritik an diesem Paradebeispiel des sozialistischen Realismus. »Mangel an Können«, stellt sie fest, »ungeschickte Sätze, hölzerne Dialoge, naturalistische Beschreibungen« sowie die »Verquickung der Charaktere mit einem Handlungsablauf, der an das Abschnurren eines aufgezogenen Uhrwerks« erinnert. Eine beachtliche Leistung von kritischem Abstand. Und weiter schreibt sie: »Da zeigt sich (beinahe hatte ich begonnen, es zu vergessen), wie gut ich meine Lektion aus dem germanistischen Seminar und aus vielen meist ganzseitigen Artikeln über Nutzen und Schaden, Realismus und Formalismus, Fortschritt und Dekadenz in Literatur und Kunst gelernt hatte – so gut, daß ich mir unbemerkt meinen Blick durch diese Artikel färben ließ, mich also weit von einer realistischen Seh- und Schreibweise entfernte.«

Als Christa Wolf 1973 diese Sätze schrieb, war Realismus für sie längst etwas ganz anderes als jener, den die »Bitterfelder Bewegung« meinte oder den die auf Georg Lukács eingeschworenen Professoren in den germanistischen Seminaren lehrten. Anstelle des »sozialistischen Realismus« steht nun ein Realismus, der die vollständige Einbeziehung des schreibenden Subjekts mit allen seinen Problemen, Nöten und Ängsten in die äußere Erfahrungswelt beinhaltet. Nur der Autor, der sich selbst schonungslos mit in seinen Stoff hineinnimmt, erreicht jene »subjektive Authentizität«, die Schreiben, so wie Christa Wolf es versteht, legitimiert. Zum literarischen »Ur-Erlebnis« wurde ihr dabei das *Lenz*-Fragment von Georg Büchner. Der »Dichter, Naturwissenschaftler und Revolutionär« entdeckte, so heißt es in *Lesen und Schreiben,* »daß der erzählerische Raum vier Dimensionen hat; die drei fiktiven Koordinaten der erfundenen Figuren und die vierte, ›wirkliche‹ des Erzählers. Das ist die Koordinate der Tiefe, der Zeitgenossenschaft, des unvermeidlichen Engagements, die nicht nur die Wahl des Stoffes, sondern auch seine Färbung bestimmt«. Sich als Autor im Schreiben »mit der Zeit zu verschmelzen in dem Augenblick, da beide ihre dichteste, konfliktreichste und schmerzhafteste Annäherung erfahren«, wird bei Büchner für ebenso wichtig gehalten wie die Feststellung, er habe sich »mit wenigen Mitteln« in sein Schreiben »selbst dazugetan, seinen unlösbaren Lebenskonflikt, die eigene Gefährdung, die ihm wohl bewußt ist«. – Eine solche Aussage, die der über Dostojewski gleichkommt, macht nicht nur das literarische Selbstverständnis Christa Wolfs deutlich – sie gewährt auch Einblicke in das dramatische Spannungsfeld ihrer inneren Welt.

Viele Widerstände waren auf dem Weg zur Selbstverwirklichung im Sprachkunstwerk zu überwinden. Für die vierte Dimension als »Koordinate der Tiefe« blieb im sozialistischen Realismus zunächst kein Raum. Literatur hatte nach den Vorstellungen der Lukács-Schule vor allem die äußere Wirklichkeit in stark idealisierter und abstrakter Weise widerzuspiegeln. In *Lesen und Schreiben* (1980) sagt sich Christa Wolf von dieser Theorie los: »Literatur und Wirklichkeit stehen sich nicht gegenüber wie Spiegel und das, was gespiegelt wird. Sie sind ineinander verschmolzen im Bewußtsein des Autors. Der Autor ist ein wichtiger Mensch.«

Noch aber kann Christa Wolf sich in ihrer literarischen Produktion nicht so wichtig nehmen, um diese völlig dem Diktat eines eng interpretierten sozialistischen Realismus zu entziehen. Trotzdem, und bei allen stilistischen Mängeln ihres »Erstlingswerkes«: es gibt bereits wesentliche Ansätze, die auf künftiges Neuland verweisen. So wird in der *Moskauer Novelle* zum Beispiel die Problematik einer ganzen Generation stellvertretend in die Figur einer Protagonistin, der dreißigjährigen Vera Brauer, hineinverlegt, die mit der Bewältigung ihrer faschistischen Vergangenheit zu kämpfen hat, ein Thema, das fünfzehn Jahre später in *Kindheitsmuster* wieder aufgegriffen wird. Auch das historisch bedingte Zusammen-

treffen zweier Völker und daraus sich ergebende politische Probleme werden in dieser Novelle in die innere Welt zweier Menschen, einer Deutschen und eines Russen, im Rahmen einer Liebesgeschichte mit all ihren emotionalen und subjektiven Aspekten, verlegt. Gemeinsam entwerfen die Kinderärztin Vera und der Sowjet-Offizier Pawel ihre Vision vom »neuen Menschen«. Vera: »Er wird vergessen haben, was uns noch drückt.« Pawel findet dafür die Worte: »Mit offenem Visier leben können. Dem anderen nicht mißtrauen müssen. Ihm den Erfolg nicht neiden, den Mißerfolg tragen helfen. Seine Schwächen nicht verstecken müssen. Die Wahrheit sagen können. Arglosigkeit, Naivität, Weichheit sind keine Schimpfwörter mehr.«
Trotz ihres literarischen und politischen Engagements ist Christa Wolf eine vorbildliche Hausfrau und Mutter. Der Schriftstellerkollege Günter de Bruyn, der in seinen Prosatexten *Renata*, ähnlich wie Franz Fühmann in *Böhmen am Meer,* fast gleichzeitig wie die Autorin der *Moskauer Novelle* das Thema der Vergangenheitsbewältigung aufgegriffen hat, stellte bewundernd fest: »... so märchenhaft intakte Familien gibt es also noch.«
1962 zieht die Familie Wolf nach Kleinmachnow bei Berlin, später dann ganz in die Hauptstadt. An insgesamt elf Orten wohnte die Autorin seit ihrer Flucht aus der kleinen Stadt an der Warthe. In ihrer Vorstellungsrede bei der Deutschen Akademie für Sprache und Dichtung in Darmstadt sagte sie 1979 dazu: »Heimatsuche kann man aus häufigem Ortswechsel herauslesen; aber vor allem: Da war eine große Neugier, eine starke aktive Anteilnahme an dem Unternehmen einer Gesellschaft, mit den Eigentumsverhältnissen ›das Leben‹ zu ändern. Es schien uns – vielleicht meiner Generation – ändernswert, und das scheint es mir heute noch.«
Schon vor Erscheinen ihres ersten Buches beginnt Christa Wolf mit den Vorarbeiten zu einer Erzählung, mit der sie die Grenzen des sozialistischen Realismus in Richtung auf eine schärfer differenzierende Erzählstruktur, größere stoffliche Freiheit und reicheren ästhetischen Gehalt ausweitet. Eine stärkere Subjektivierung der Probleme, lyrisch gestimm-

te Naturbeschreibung, mythisierende Schilderung und eine weiter ausgebaute Technik der Symbolisierung kennzeichnen die 1963 erschienene Erzählung *Der geteilte Himmel*. Das bald auch zu den »Bestsellern« der DDR zählende Buch erregte gleich nach Erscheinen die Aufmerksamkeit breiter Leserschichten im In- und Ausland und wurde mit dem bedeutendsten Literaturpreis der DDR, dem Heinrich-Mann-Preis der Akademie der Künste, ausgezeichnet.

Der geteilte Himmel war noch in Halle entstanden. Dazu die Autorin 1965 in ihrer Selbstauskunft *Einiges über meine Arbeit als Schriftstellerin:* »Als ich die Erzählung *Der geteilte Himmel* schrieb, wohnten wir in Halle, der tausendjährigen Stadt, ehemals Handelsknotenpunkt und Salzsiederkolonie, heute eines unserer größten Industriezentren: Chemie und Maschinenbau. Eine Stadt mit vielen Schichten, unruhiges Gemisch aus Tradition und Gegenwart, rußig, unschön auf den ersten Blick, Knotenpunkt vieler Widersprüche. Manches davon habe ich in meinem Buch zu beschreiben versucht, in dem Maß, wie ich selbst es nach und nach durchschaute. Mir war und ist klar, daß man nur mit exaktem Wissen in das Innere der interessanten Vorgänge eindringen kann, die gerade in diesen Jahren schnelle Veränderungen in den Beziehungen der Menschen zueinander hervorrufen.«

Geschildert wird in dieser der Romanform nahen Erzählung die Liebesgeschichte der Pädagogikstudentin Rita Seidel, die in einer Waggonfabrik praktiziert und sich über alle Bande der Liebe hinweg zum Bleiben in der DDR entschließt, während ihr Freund, der Chemiker Manfred Herrfurth, sich kurz vor dem Mauerbau vom 13. August 1961 nach Westberlin absetzt, weil er dort seine beruflichen Pläne verwirklichen kann, für die er im sozialistischen Staat keine Möglichkeiten sah. Im Rückblick durchlebt Rita Seidel noch einmal ihre Liebe und den schmerzlichen Weg bis zur Entfremdung und Trennung von dem Geliebten, ein ernüchternder Prozeß, der bei ihr in einem als Betriebsunfall getarnten Selbstmordversuch gipfelt, von dem sie sich nun in langsam fortschreitender Genesung erholt, um schließlich wieder ganz in der Gegenwart und ihrer Aufgabe in der DDR zu leben. Von dieser Rita Seidel heißt es: »Sie ist empfänglich für die Versuche der Dichter, Stück für Stück die sehr große Dunkelheit des noch Ungesagten zu erhellen.«

Dies versucht auch Christa Wolf, und sie findet, besonders was die Durchleuchtung von Ritas Empfindungen, ihre Liebe und ihre Verzweiflung betrifft, im inneren Monolog den »erhellenden« sprachlichen Ausdruck dafür. So erinnert Rita sich an den Augenblick ihres »Betriebsunfalls«: »Sie sieht die zwei schweren, grünen Wagen noch heranrollen, unaufhaltsam, ruhig, sicher. Die zielen genau auf mich, fühlt sie, und wußte doch auch: Sie selbst verübte einen Anschlag auf sich. Unbewußt gestattete sie sich einen letzten Fluchtversuch: Nicht mehr aus verzweifelter Liebe, sondern aus Verzweiflung darüber, daß Liebe vergänglich ist wie alles und jedes.«

Manfred Herrfurth, ein herber Kritiker des engstirnigen Parteidogmatismus – wie weit geht hier die Selbstidentifizierung der Autorin? –, hat den Abgrund zwischen Individuum und Kollektiv, persönlichem Glücksverlangen und sozialistischer Lebenswirklichkeit illusionslos durchschaut: »Hat er also recht behalten, fragt sie sich, wenn er immer sagte: Heutzutage ist Liebe nicht möglich. Keine Freundschaft, keine Hoffnung auf Erfüllung. Lächerlich, gegen die Kräfte anzugehen, die zwischen uns und unseren Wünschen stehen. Ihre Allmacht können wir uns nicht mal vorstellen. Gelingt uns die Liebe trotzdem, dir und mir, dann müssen wir ganz still halten. Dann müssen wir immer an das Trotzdem denken. Das Schicksal ist neidisch.« Auch Rita fragt: »Wie weit und wie lange, für welche Schicksalsfälle konnte Liebe Sicherheit geben?« Und sie antwortet sich selbst: »Wir sind gegen nichts gefeit. Wir sind allen Gefahren genauso ausgesetzt wie andere Leute. Uns kann alles passieren, was anderen passiert.«

Etwas von der feingefügten Substanz dessen, was später in den Poetik-Vorlesungen als »›weibliches‹ Schreiben« bezeichnet werden wird, schimmert schon in dieser frühen Erzählung durch. Da wird zum Beispiel in Ritas Beziehung zu Manfred die Peripetie der Liebe sowohl als Prozeß der Desillusionierung wie als Aufgabe formuliert: »Sah sie ihn denn zum erstenmal? Das nicht. Doch wer kennt nicht die Schwierigkeit, den wirklich zu sehen, den man liebt? In diesen wenigen Sekunden rückte Manfred für sie aus der unscharfen Nähe in einen Abstand, der erlaubt, zu mustern, zu messen, zu beurteilen. Es heißt, dieser unvermeidliche Augenblick sei das Ende der Liebe. Aber er ist nur das Ende der Verzauberung. Einer der vielen Augenblicke, denen die Liebe standzuhalten hat.«

Als Rita Seidel nach schlimmen Tagen gegen Ende der Erzählung wieder gesund ist, heißt es resümierend: »Sie weiß nicht – wie viele von uns es nicht wissen – welche seelische Kühnheit sie nötig hatte, diesem Leben Tag für Tag neu ins Gesicht zu sehen, ohne sich zu täuschen oder täuschen zu lassen. Vielleicht wird man später begreifen, daß von dieser seelischen Kühnheit ungezählter gewöhnlicher Menschen das Schicksal der Nachgeborenen abhing – für einen langen, schweren, drohenden und hoffnungsvollen geschichtlichen Augenblick.«

Daß *Der geteilte Himmel* auch einige undifferenzierte Passagen und Schwarzweißmalereien aufweist – hier guter DDR-Staat, dort zukunftsloser Westen – darf nicht verwundern. Die Erzählung kann und will ihre Herkunft aus dem sozialistischen Realismus, für den sie exemplarisch ist, nicht verleugnen. Auf dessen Konto geht auch die Überhöhung des sowjetischen Raumfluges mit Gargarin vom 12. April 1961 zum Symbol des Fortschritts der Menschheit. Diese Symbolisierung, die später in *Nachdenken über Christa T.* (1968) als nicht tragfähig erkannt wird, findet sich in dem 1959 verfaßten Aufsatz *Literatur und Zeitgenossenschaft* in noch ausgeprägterer Form. In erstaunlich unkritischer Heilserwartung wird hier die russische Weltraumrakete nicht nur als »Aufklang zum Kommunismus« gesehen, sondern gar als »Verkörperung der Alternative, die heute vor uns steht, schärfer denn je: Kommunismus oder Barbarei«. – Auch solche Entgleisungen gehören in die Biographie dieser bedeutenden Schriftstellerin. Sie zeigen nur um so eindrucksvoller den weiten Weg, den sie vom »neuen Menschen« der sozialistischen Aufbauphase der DDR bis zu *Kassandra* oder zum *Störfall* Tschernobyl zurückzulegen hatte.

In *Kindheitsmuster* beobachtet Christa Wolf am 13. Februar 1971 die amerikanische Raumfähre Apollo 14. Dabei schwebt ihr für ihr Schreiben »die alleinseligmachende Form vor, schlank, unangreifbar und treffsicher wie jene Projektile, die ihre Erbauer mit zärtlichen Namen und zärtlichen Blicken bedenken«. Aber sie weiß: »Dir kann keiner die optimale Kurve berechnen, an die du dich nur zu halten brauchtest.«

Über die Schwierigkeit, ich zu sagen

Hatte die *Moskauer Novelle* noch wenig Resonanz gefunden, so machte *Der geteilte Himmel* Christa Wolf mit einemmal in Ost und West berühmt. Mit zehn Auflagen und 160 000 verkauften Exemplaren innerhalb weniger Monate war dieses Buch, das bald ins Polnische, Russische, Ungarische, Bulgarische, Kroatische, Serbische, Finnische, Englische, Französische, Spanische und Japanische übersetzt wurde, eine Sensation innerhalb der Kultur- und Literaturszene der DDR geworden. Anfängliche Kritiken beckmesserisch-starrer Parteiideologen, die der Autorin »dekadente Lebensauffassung«, ein falsches Bild der Liebe als »isolierte Zweisamkeit« bei zu wenig Glauben an die »alles verändernde Kraft unserer Gesellschaft« vorwarfen sowie eine unangebrachte Trauer über die Teilung Deutschlands, mußten bald besserer Einsicht weichen. »Mit Zustimmung von allerhöchster Stelle stimmte alles«, schreibt Alexander Stephan, »was Rang und Namen besaß, darin überein, daß die kritischen Kommentare zum Roman als Polemiken aus der Mottenkiste der Dogmatiker und als Restbestände aus einer, wie man meinte, schon längst vergangenen Ära des Stalinismus abgetan werden könnten.«

Der große Erfolg der Erzählung, die 1964 auch noch unter der Regie von Konrad Wolf und nach dem Drehbuch von Christa und Gerhard Wolf, Konrad Wolf, Willi Brückner und Kurt Barthel von der DEFA verfilmt wurde, wirkte sich auch auf die politische Karriere der Autorin positiv aus. Von 1963 bis 1967, vom VI. bis zum VII. Parteitag der SED, ist Christa Wolf Kandidatin des ZK der SED. Sie spricht 1964 – der Film *Der geteilte Himmel* war gerade mit dem Nationalpreis III. Klasse ausgezeichnet worden – auf der Zweiten Bitterfelder Konferenz und wird ein Jahr darauf Mitglied des P.E.N.-Zentrums der DDR. Ihre Teilnahme am Internationalen P.E.N.-Kongreß in Bud führt sie 1965 nach Jugo-

slawien, eine Lesereise nach Finnland. Im gleichen Jahr schreibt sie die Erzählung *Juninachmittag*, die 1967 erscheint. In dieser kurzen Geschichte läßt die Ich-Erzählerin den Leser an der scheinbar ungestörten Idylle eines Nachmittags im Garten mit ihrem Mann und den zwei Töchtern teilnehmen. Doch die Gefährdung ist allgegenwärtig. Sie dringt in das umhegte Grüngeviert mit dem Wissen um jederzeit mögliche »Unwetter und Regen und Gewitter und Überschwemmungen«, oder dem Hinweis auf die Toten eines Eisenbahnunglücks: »Ich schloß die Augen. Ich wollte nichts sehen und nichts hören. Jene Frau, von der man nur noch die Handtasche gefunden hatte, sah und hörte auch nichts mehr.« Doch Angst und Resignation werden in der Zuwendung zum Heute überwunden: »Wer sagt denn, daß der Arm schon unaufhaltsam ausgeholt hat zu dem Schlag, der einem die Hände aus allem herausreißt? Wer sagt denn, daß diesmal wir gemeint sind? Daß das Spiel ohne uns weitergehe?«
Erneut werden in *Juninachmittag* literarische Freiräume jenseits des orthodox-realistischen Musters bisheriger DDR-Prosa geschaffen. Ein verstärkter Subjektivismus, intensivere Monologe und die gewichtigere Bedeutung des Erzählers – »Der Autor ist ein wichtiger Mensch« – gehören dazu. Die antimodernistische Starre des sozialistischen Realismus sprengend, setzt Christa Wolf nunmehr Phantasie und innerweltliches Geschehen in ihre vollen Rechte ein. Geradezu programmatisch beginnt die Erzählung mit der rhetorischen Frage: »Eine Geschichte; Etwas Festes, Greifbares, wie ein Topf mit zwei Henkeln, zum Anfassen und zum Daraus-Trinken? Eine Vision vielleicht, falls Sie verstehen, was ich damit meine. Obwohl der Garten nie wirklicher war als dieses Jahr. Seit wir ihn kennen, das sind allerdings erst drei Jahre, hat er nie zeigen dürfen, was in ihm steckt. Nun stellt sich heraus, daß es nicht mehr und nicht weniger war als der Traum, ein grüner, wuchernder, wilder, üppiger Garten zu sein. Das Urbild eines Gartens. Der Garten überhaupt. Ich muß sagen, das rührte uns.« Der Garten als Metapher für den Lebensanspruch des Individuums. Die »Vision« aber: sensibelstes Mittel der Wahrnehmung, mehr noch: Katalysator für jene vier-

dimensionale Wirklichkeit, in die einzutreten ohne den Glauben an die Verwandlungsmöglichkeiten geistiger Energien in Materie nicht möglich wäre.
In ihrem Essay *Die zumutbare Wahrheit* hat Christa Wolf 1966 auch die »Vision« von Ingeborg Bachmann verteidigt, jener für sie bedeutsamen Dichterin, durch die sie sich bei ihrem Streben nach der vierten Dimension in der Prosa und der Neigung zum Phantastischen und Märchenhaften bestätigt fand. Später, in *Lesen und Schreiben*, merkt sie an, daß man sich der Vision »nicht zu schämen« hat. »Vision! hört man leichtfertig sagen, was ist das: Vision? – Man sieht plötzlich, was nicht zu sehen ist, was aber da sein muß, weil es Wirkungen zeitigt. Die Vergangenheit in der Gegenwart zum Beispiel. Oder die immer unterdrückten maßlosen Wünsche, die jeden Augenblick, keiner weiß, woher, in jedermann aufschießen können.« Und in ihrem *Selbstinterview* von 1966 gesteht sie: »Ich schreibe suchend. Es ergibt sich, daß ich eben dieses Suchen festhalten muß, so ehrlich wie möglich, so genau wie möglich.«
Es erstaunt nicht, daß eine Schriftstellerin mit diesem individuellen Anspruch beim Parteiapparat der SED in Ungnade fallen mußte. Dies offenbarte sich bereits deutlich auf dem 11. Plenum des ZK der SED im Dezember 1965, wo Christa Wolf mit mutigen Worten den Schriftstellerkollegen Werner Bräunig gegen den Vorwurf der »antisozialistischen Haltung« verteidigte, was die Streichung ihres Namens von der Kandidatenliste des ZK der SED zur Folge hatte. Drei Jahre später, 1968, erscheint ihr neues Buch *Nachdenken über Christa T.*
Diese von der Autorin unter keinen literarischen Gattungsbegriff eingereihte großangelegte Reflexion über das dialektische Wechselspiel zwischen Individuum und Gesellschaft, mit wiederum stark autobiographischen Zügen, ruft zunächst ein gespaltenes Echo in der DDR hervor. Man vermag diesem Werk, das auch die Frage nach der Selbstentfremdung des Einzelnen im ideologisch bestimmten Kollektiv stellt, die literarische Qualität zwar nicht ganz abzusprechen, attackiert die Autorin seitens der offiziellen Literaturkritik aber

dann doch ziemlich heftig und wirft ihr den Verlust von sozialistischer Wirklichkeit vor, den Gebrauch von Stilmitteln der spätbürgerichen Ästhetik, kurz, den Rückfall in vom Sozialismus längst überwundene Positionen.
Was ist der Inhalt? Erzählt wird wieder das Leben einer Frau aus der Generation der Autorin. Die 1927 geborene Christa T. hat schon während der Schulzeit mit der nur um zwei Jahre jüngeren Erzählerin Freundschaft geschlossen und ist ihr nach Krieg, Flucht und einer Zeit als Neulehrerin auf dem Land 1951 wiederbegegnet, als sie in Leipzig Germanistik zu studieren begann. Mit einer Arbeit über Theodor Storm schließt Christa T. 1954 ihr Studium ab, um als Lehrerin zu arbeiten. »Warum gerade Storm?«, wird sie von der Erzählerin gefragt: »... Weil sein Weltverhältnis ›vorwiegend lyrisch‹ ist und weil eine solche Natur, in eine von Niedergangstendenzen und Epigonentum gezeichneten Zeit gestellt, besondere Anstrengungen nötig hat, um dennoch ihr Werk hervorzubringen.«
1963 stirbt Christa T., die seit sieben Jahren ihren Beruf aufgegeben und Justus, einen Tierarzt, geheiratet und mit ihm drei Töchter hatte. Der Tod dieser Freundin, die Tagebuchnotizen und Schreibversuche hinterlassen hat und die über den Mut zur Unangepaßtheit verfügte, weil sie ihr Leben lang versuchte, zu sich selber zu kommen, »Ich«-Sagen zu können, berührt die Erzählerin so tief, daß sie beschließt, über dieses Leben nachzudenken und es zu beschreiben. Das Buch beginnt mit den Sätzuen: »Nachdenken, ihr nach-denken. Dem *Versuch, man selbst zu sein.* So steht es in ihren Tagebüchern, die uns geblieben sind, auf den losen Blättern der Manuskripte, die man aufgefunden hat, zwischen den Zeilen der Briefe, die ich kenne.«
Weil Christa Wolf sich auch in *Nachdenken über Christa T.*, wie schon in der *Moskauer Novelle*, mit der Frage nach der Überwindung des Nationalsozialismus auseinandersetzt, wirft ihr der Schriftsteller und Kulturfunktionär Max Walter Schulz auf dem VI. Deutschen Schriftstellerkongreß der DDR im Mai 1969 vor, bereits »bewältigte Vergangenheit zu erschüttern«. Erst 1973, fünf Jahre nach Erscheinen, wurde

das Buch im günstigeren Klima einer Liberalisierung der Kulturpolitik der DDR unter Erich Honecker, der 1971 Walter Ulbricht gefolgt war, neu aufgelegt. Eine dritte Auflage erschien 1974, nachdem *Nachdenken über Christa T.* auf den bundesdeutschen Bestsellerlisten stand und wiederum in zahlreiche Fremdsprachen übersetzt worden war. Eine längere Unterdrückung wäre auch nicht opportun gewesen, da die Warschauer Wochenzeitschrift *Polytika* das Buch schon vier Jahre früher zum »Ereignis des Jahres 1969« erklärt und die ebenso renommierte Moskauer *Literaturnaja gazeta* Christa Wolf sogar als »moralisches Vorbild« ihrer Generation gepriesen hatte.

Es gehört zu den Merkmalen dieser ihrer Zeit und den Problemen ihrer Gesellschaft stets zugewandten Schriftstellerin, daß sie sich von dem einmal als richtig erkannten Weg auch durch politischen Druck nicht abbringen läßt. Schon am 23. August 1965 schrieb sie an eine junge Frau, die bei ihr professionellen Rat suchte: »Menschen, wie sie wirklich geworden sind, müssen in voller Schärfe kommen, nicht gemildert durch unser Wunschdenken, unsere guten Absichten und vor allem nicht durch vorgefaßte Meinungen von unserer Gesellschaft. Wir müssen sie darzustellen versuchen, wie sie ist und uns von der Zwangsvorstellung lösen, daß wir eine im ganzen vorwärtsschreitende historische Bewegung zu illustrieren hätten.«

Der Zweifel an der zur Vollendung vorwärtsschreitenden Historie, die nach marxistischem Verständnis doch zwangsläufig von der These über die Antithese zur schließlich vollkommenen Synthese führt: ist das anders zu bezeichnen denn als eine Häresie gegenüber der Heilslehre des dialektischen Materialismus? In dem schon zitierten Selbstzeugnis *Über Sinn und Unsinn von Naivität* heißt es: »Nicht daß ich die eminente Beziehung zwischen Literatur und gesellschaftlicher Moral leugnen wollte; nur sollte die gesellschaftliche Moral eines Autors sich nicht darin erschöpfen, daß er seiner Gesellschaft möglichst vorenthält, was er von ihr weiß; obwohl es doch eine Zeit gab – man vergißt zu schnell –, da gewisse, nach vorgefertigten Rezepten hergestellte Abzieh-

bilder unter dem Stempel ›Parteilichkeit‹ laufen konnten und wir, Anwesende immer eingeschlossen, uns an einen recht fahrlässigen Gebrauch dieses Stempels gewöhnten.«
Der schon in *Juninachmittag* eingeführten »Vision« als einer auslösenden und prägenden Energie innerhalb des literarischen Schöpfungsprozesses kommt in *Nachdenken über Christa T.* entscheidende Bedeutung zu. Diese Christa T. – eine in vielen Brechungen und Spiegelungen mit der Autorin verwandte Figur, deren Leben, Wünschen, Fürchten und Hoffen durch die Person der Erzählerin wiederum um eine weitere Nuance differenzierter dargestellt wird – hat eine »Vision von sich selbst«. Es ist dies der Traum vom »neuen Menschen«, der jedoch in der äußeren Welt und ihrer gesellschaftlichen Realität nicht sichtbar wird, sondern nur als Zukunftshoffnung und in Korrespondenz mit dem eigenen Inneren.
»Man selbst, ganz stark man selbst werden.« Das ist die Sehnsucht, die dieses Buch beseelt. Christa T. glaubt, daß man auf dem Weg der Selbstwerdung an seiner Vergangenheit nicht weniger arbeiten muß als an seiner Zukunft. Nur so sind Selbsterkenntnis und Selbstverwirklichung zu erreichen. Der Weg zum Ich aber ist dornenreich, zumal dann, wenn er »den gefährlichen Wunsch nach reiner, schrecklicher Vollkommenheit« mit einschließt. Trauer, selbst Todeswünsche, stellen sich da zuweilen ein: »Liebe Schwester, schrieb Christa T. im Frühsommer dreiundfünfzig. Wann – wenn nicht jetzt? Du weißt, wie das ist: die Zeit geht schnell, aber an uns vorbei. Diese Atemlosigkeit oder diese Unfähigkeit, tief einzuatmen. Als ob ganze Teile der Lungen seit Ewigkeit nicht mehr mittun. Kann man aber leben, wenn ganze Teile nicht mittun?« Diese an Franz Kafka erinnernde Selbstanalyse wird ergänzt durch die Sätze: »Von Krankheit kann man immer sprechen. Todeswunsch als Krankheit. Neurose als mangelnde Anpassungsfähigkeit an gegebene Umstände. So der Arzt, der das Attest für die Universitätsbehörden schrieb. Am besten, mein Fräulein, Sie kommen zu mir in die Therapie. Sie werden begreifen müssen, worauf es ankommt. Bei Ihrer Intelligenz … Sie werden sich anpassen müssen.«

Angepaßt hat sich Christa T. nicht. Dabei wird ihr gerade Anpassung immer wieder nahegelegt. Auch als ihr auf ihrer einzigen großen Reise ins Rilagebirge ein früherer Schüler, nunmehr »Mediziner, im letzten Semester«, wiederbegegnet, muß sie sich, als gesellschaftspolitisches Kontrastprogramm gewissermaßen zu Maxim Gorkis Ansicht über »die halb reale, halb phantastische Existenz des Menschen«, von der sie als Lehrerin einmal gesprochen hatte, dessen »entwicklungsgeschichtlichen Exkurs« über das Überleben anhören: »Überleben, ist ihm klar geworden, sei das Ziel der Menschheit immer gewesen und werde es bleiben. Das heißt, ihr Mittel zu jeder Zeit: Anpassung, Anpassung um jeden Preis.« Ein Vulgärdarwinismus für Untertanen autoritärer Staaten. Christa T. aber »weiß, daß sie immer wieder neu zu sein, neu zu sehen hat« und daß sie »sich nicht das Recht nehmen läßt, nach ihren eigenen Gesetzen zu leben«.
Da sie auch nach Stalins Tod, schon 1953, als die »eisern Gläubigen« von der Bühne abtraten, die gesuchte Übereinstimmung mit der Gesellschaft nicht gefunden hatte, zieht sie sich schließlich drei Jahre später ins Private zurück. Sie gibt ihren Beruf als Lehrerin auf, um als Ehefrau, Hausfrau und Mutter den »Vorteil« zu erproben, »eine Frau zu sein«. Doch auch in der tradierten Weiblichkeitsrolle vermag sie das Glück nicht zu finden, auch hierin muß sie sich selbst verfehlen: »Da sitzt sie an dem Klappschrank, der mit Justus' Papieren überdeckt ist, in ihrem ausgeblaßten roten Bademantel, und schreibt: Die große Hoffnung oder über die Schwierigkeit, ›ich‹ zu sagen.«
Christa T. verfällt in Depression, in Müdigkeit. Sei erkrankt an Leukämie. Schreibend und mit dem Bau eines Hauses versucht sie, den Weg zu sich selbst zu finden. Dabei ist sie sich sicher: »Was durch uns in die Welt gebracht ist, kann nie mehr aus ihr hinausgedrängt werden.« Deshalb auch ihr großes Verantwortungsgefühl gegenüber der Sprache: »Sie hatte Angst vor den ungenauen, unzutreffenden Wörtern. Sie wußte, daß sie Unheil anrichten, das schleichende Unheil des Vorbeilebens, das sie fast mehr füchtete als die großen Katastrophen. Sie hielt das Leben für verletzbar durch Worte.«

Aber sowohl Hausbau wie Schreiben bleiben unvollendet. Der Tod holt Christa T. ein, die dennoch keine Gescheiterte ist; denn sie hat einen Weg versucht und gewiesen.
Mit außerordentlichem Einfühlungsvermögen und medizinischem Sachverstand beschreibt Christa Wolf den Krankheitsverlauf ihrer Protagonistin mit allen seinen psychischen Erscheinungsformen, Halluzinationen, Träumen und Wiedererwachensmomenten bis hin zum Tod. In ihren letzten Tagen endlich gelingt Christa T. ein Gedicht: »Endlich! schreibt sie an den Rand, und das heißt soviel wie: Jetzt stirbt man nicht. Es beginnt, was sie so schmerzhaft vermißt hatte: daß wir uns selbst sehen; deutlich fühlt sie, wie die Zeit für sie arbeitet, und muß sich doch sagen: Ich bin zu früh geboren. Denn sie weiß: Nicht mehr lange wird an dieser Krankheit gestorben werden.« Das Prinzip Hoffnung, jenseits der Hoffnungslosigkeit.
Wenn auch das Schreiben der Christa T., so wie der Bau ihres Hauses, Fragment geblieben ist, so hat es doch Vorbildcharakter durch seine ethische Qualität. Darum kann die Erzählerin am Ende des vorletzten Kapitels von *Nachdenken über Christa T.* über ihre tote Freundin sagen: »Schreiben ist groß machen. Nehmen wir uns zusammen, sehen wir sie groß. Man wünscht nur, was man kann. So bürgt ihr tiefer und dauerhafter Wunsch für die geheime Existenz ihres Werkes: Dieser *lange, nicht enden wollende Weg zu sich selbst.*
Die Schwierigkeit, ›ich‹ zu sagen.
Wenn ich sie erfinden müßte – verändern würde ich sie nicht. Ich würde sie leben lassen, unter uns ... Würde sie die wenigen Blätter vollenden lassen, die sie uns hinterlassen wollte und die, wenn nicht alles täuscht, eine Nachricht gewesen wären aus dem innersten Innern, jener tiefsten Schicht, in die man schwerer vordringt als unter die Erdrinde oder in die Stratosphäre, weil sie sicherer bewacht ist: von uns selbst.«

Die Lust, erkannt zu werden

Im Jahr der Veröffentlichung von *Nachdenken über Christa T.* schreibt Christa Wolf den Essay *Glauben an Irdisches,* der 1971 in dem Sammelband *Lesen und Schreiben – Aufsätze und Betrachtungen* erscheint. Der Essay entstand 1968 als Nachwort zu einem gleichnamigen Band essayistischer Arbeiten von Anna Seghers aus vier Jahrzehnten.

Schon 1958 war Christa Wolf, damals noch Redakteurin der *Neuen Deutschen Literatur,* persönlich mit Anna Seghers zusammengetroffen, um für die Zeitschrift ein Gespräch mit ihr zu führen. Aus der Begegnung wurde Freundschaft. »Es ist der seltene Glücksfall, daß ein anhaltendes, eindringliches Interesse an einem von Grund auf anderen Lebensmuster mir erlaubt hat, Genaueres über mich selbst zu erfahren«, beschreibt Christa Wolf ihr Verhältnis zu der fast dreißig Jahre älteren Kollegin. Sie rezensiert 1959 nicht nur Seghers' Roman *Die Entscheidung,* sondern ist auch von den früheren Erzählungen und Exilromanen dieser Schriftstellerin ebenso angerührt wie von dem Roman *Das siebte Kreuz* (1943), zu dessen Ausgabe von 1964 sie ein Nachwort beiträgt.

In dem Essay *Glauben an Irdisches* interpretiert Christa Wolf den zwischen Moskau und Paris erfolgten Briefwechsel der Seghers mit Georg Lukács. Dabei verteidigt sie die Positionen der Dichterin gegenüber den dogmatischen Forderungen des autoritären Literaturkritikers, indem sie dessen abstrakten Kriterien die »aus dem wirklichen, schwierigen Schaffensprozeß abgeleitete Denk- und Sehweise« der Anna Seghers gegenüberstellt. Sie schreibt: »In einer Zeit, da der ›Besitz‹ einer bestimmten literarischen Methode fast schon als Garant für künstlerisches Gelingen gilt, betont Anna Seghers den Wert der Unmittelbarkeit, verteidigt die Ursprünglichkeit der Kunst, ihre Originalität und Neuheit, das Wagnis des ›Sehens‹, das jeder Künstler allein und auf seine einmalige Weise auf sich nehmen muß. Gegenüber einer Theorie, die den Schriftsteller in die Rolle eines passiven Spiegels der objektiven Realität zu drängen versuchte, hebt Anna Seghers die aktive Arbeit des Autors hervor, der ein Produkt seiner Zeit, aber auch ein schöpferisches Subjekt ist, das den Mut und die Verantwortung finden muß, rücksichtslos ›auf die Realität loszusteuern‹, keine ›Furcht vor der Abweichung‹ vom unmittelbaren Erlebnis zu haben, da diese Furcht ›entrealisierend‹ wirkt, aber auch nicht auszuruhen auf dem ›Vollbesitz der Methode‹.« Diese Sätze sind als Bekenntnis Christa Wolfs zur »subjektiven Authentizität« zu verstehen.

Einer Autorin, die bei aller Zeitbezogenheit so sehr die Rolle des schöpferischen Subjekts betont, nähert man sich wohl wesentlicher an, wenn man sie aus jener Substanz ihres Werkes heraus zu interpretieren versucht, die auf allgemeingültige, zeitübergreifende Dimensionen zielt, statt aus ihren politisch-soziologischen Zuordnungen und Einbettungen, so wichtig diese auch als Reibungswiderstände oder mehr oder weniger fruchtbare Nährlösungen für Visionen im Prozeß einer sehr differenzierten Selbstfindung sind. So gesehen kommt der Ablehnung einer Literaturtheorie, »die den Schriftsteller in die Rolle eines passiven Spiegels der objektiven Realität zu drängen versuchte« – wogegen Literatur und Wirklichkeit sich im Bewußtsein des Autors doch »ineinander verschmelzen«, wie es in *Lesen und Schreiben* heißt –, eine besondere Bedeutung zu.

Durch diese neue Position wird bereits die Voraussetzung für eine Weltsicht geschaffen, die knapp eineinhalb Jahrzehnte später in den vier Frankfurter Poetik-Vorlesungen *Voraussetzungen einer Erzählung: Kassandra* und in der *Kassandra*-Erzählung selbst, die als fünfte Poetik-Vorlesung gedacht war, ihren Ausdruck findet und beiden Werken ihre überzeitliche Bedeutung und Tiefe verleiht. Es ist dies der »Weg zu den Müttern«, der im Kassandra-Komplex dann auch das naturmagische Denken Goethes, des gesellschaftlich nachgerade fatal angepaßten bürgerlichen Klassikers, voll mit einbezieht. Goethes berühmtes Gleichnis von der Einheit der

Natur – »Müsset im Naturbetrachten/Immer Eins wie Alles achten:/Nichts ist drinnen, nichts ist draußen;/Denn was innen, das ist außen ...« – ist auch auf die Subjekt-Objekt-Beziehung und das Verhältnis des Autors zur Realität im Sinne Christa Wolfs anzuwenden. Auch ist es als Voraussetzung einer wahren Selbstbegegnung zu verstehen. Mehr noch: es ist von zeitloser Gültigkeit und gerade heute, unter dem Diktat der scheinbar »objektiven« Naturwissenschaften von besonderer Aktualität.

Christa Wolf, die sich in den achtziger Jahren mehr und mehr auch mit der Rolle der Naturwissenschaften befaßt, wird in ihrem Denken – das man als »neues Denken« bezeichnen könnte, wenn dieser Begriff nicht schon zum Modewort und Tummelplatz für vielgestaltiges Sektierertum geworden wäre – durch einen so bedeutenden Physiker wie Werner Heisenberg bestätigt. In einem Vortrag über *Das Naturbild der heutigen Physik* leitete Heisenberg schon 1954 aus der neuen Situation der Naturwissenschaft die Tendenz zu einer Selbstbegegnung ab, wie sie bisher nur bei Dichtern und Philosophen zu finden war. Ziel der modernen Naturwissenschaft, so formulierte er, sei heute »nicht mehr die Erkenntnis der Atome und ihrer Bewegung ›an sich‹, d.h. abgelöst von unserer experimentellen Fragestellung; vielmehr stehen wir von Anfang an in der Mitte der Auseinandersetzung zwischen Natur und Mensch, von der die Naturwissenschaft ja nur ein Teil ist, so daß die landläufigen Einteilungen der Welt in Subjekt und Objekt, Innenwelt und Außenwelt, Körper und Seele nicht mehr recht passen wollen und zu Schwierigkeiten führen. Auch in der Naturwissenschaft ist also der Gegenstand der Forschung nicht mehr die Natur an sich, sondern die der menschlichen Fragestellung ausgesetzte Natur, und insofern begegnet der Mensch auch hier wieder sich selbst.«

Mit ihrem Bekenntnis zur »subjektiven Authentizität« erweitert Christa Wolf ihr Blickfeld bis zur Einschließung dieses neuen Denkens, das in Wirklichkeit ein sehr altes und menschheitliches ist: das des »Tat twam asi« (»Das bist du«), wie es vor mehr als zweitausend Jahren schon in den altindischen Upanishaden als das ewige Sichselberfinden und

Sichselbstbegegnen formuliert und schließlich von Schopenhauer als Grundlage einer altruistischen Moral in das philosophische Denken des Abendlandes eingebracht wurde. Es taucht immer wieder auf in der europäischen Dichtung unseres Jahrhunderts, im *Ulysses* von James Joyce etwa, im *Zauberberg* von Thomas Mann oder, besonders ausgeprägt, im *Steppenwolf* von Hermann Hesse sowie in dessen gesamtem Werk. Und wenn Ernst Bloch – er lehrte zur selben Zeit in Leipzig, als Christa Wolf dort studierte – sein Hauptwerk *Geist der Utopie* mit dem Kapitel ›Die Selbstbegegnung‹ einleitet und sich einen »menschenähnlich werdenden Bauraum als antizipierende Expression eines ›tat twam asi‹« erhofft, so dürfen wir dieses Selbstbegegnungserlebnis auch als Antrieb von Christa Wolfs »Bemühung, aus dem eigenen Zentrum heraus zu schreiben«, verstehen. Dadurch beginnen bisher wenig beachtete Denkströme, die bereits die Dichtung der deutschen Klassik und Nachklassik mit der des Atomzeitalters verbinden, in den Gesichtskreis der Autorin zu treten, oder in bezug auf deren späteres Werk zitierbar zu werden. Für die Klassik mag Goethe mit seinem naturmagischen Gleichnis stehen, für die Nachklassik die naturwissenschaftlich fundierte Betrachtungsweise Adalbert Stifters, der immer wieder auf die Identität von Groß und Klein, Innen und Außen hinwies und im *Nachsommer* schrieb: »Äußeres, Inneres, Das ist alles eins, und Alles ist die Liebe ...« Zu weit hergeholte Vergleiche? Christa Wolf, »gewohnt, in Antinomien zu denken«, wie sie in den Poetik-Vorlesungen sagt, wird seit Ende der siebziger Jahre selbst am Beispiel Stifter Widersprüchliches nur aus dessen biedermeierlicher Zeitgenossenschaft heraus ableiten können, kaum aus seiner Selbst- und Welterkenntnis und seinem damit verbundenen Schreibantrieb.

Durch die Furchtlosigkeit, mit der Christa Wolf sich einer nicht schmerzlosen subjektiven Realitätsbegegnung aussetzt, um hinter der Scheinwirklichkeit unserer durch gesellschaftliche und machtpolitische Zwänge bestimmten Welt in jene vierte Dimension wahrer Realität und Wirklichkeit vorzustoßen, die ohne Mithereinnahme des eigenen Ich unmög-

lich ist, verringert sich jedenfalls auch ihre »Schwierigkeit, ›ich‹ zu sagen«.
Kehren wir zu einigen äußeren Daten der Biographie zurück. Nachzutragen ist eine Lesereise nach Schweden 1969, viel wichtiger in jenem Jahr sind aber mehrere Aufenthalte im Genetisch-Biologischen Forschungsinstitut in Gatersleben zu Gesprächen mit dem Genetiker Hans Stubbe. Er bestätigt der Autorin, daß »das Ideal vom Subjekt, von der entfalteten Persönlichkeit« auch im Zeitalter der modernen Naturwissenschaften »immer noch nützlich und unerläßlich« ist. »Jetzt weiß ich: Das zu hören, bin ich hergekommen«, antwortet Christa Wolf und fragt: »Die Kunst, die sich selber ernst nimmt, arbeitet also auf ihre Weise daran mit, daß die Menschen den ungeheuerlichsten Entdeckungen der Wissenschaft gewachsen sein können? Indem sie die Persönlichkeit stärkt? Indem sie, als Organ ihrer Gesellschaft, Bilder von Menschen entwirft und die Möglichkeiten erweitert, sich selbst zu sehen und zu erkennen?« Auch das bestätigt der Genetiker, dessen Gespräch mit ihr sie in dem Aufsatz *Ein Besuch* (1969) protokolliert.
Dabei ist Christa Wolf keineswegs wissenschaftsgläubig. In den Poetik-Vorlesungen ist von der »Wissenschaftlichkeit« als »einer der größten Lebensabwehrmythen dieser Zeit« die Rede, und in der Skizze *In Verkleidung* (1978) wird gefragt: »Wie kann Literatur dazu beitragen, eine in ihrem Fortschrittswahn befangene Realitält – sprich: Leserschaft – zu befreien? Oder, vielleicht richtiger: *Kann* Literatur dazu beitragen ...?«
Gleichwohl fördert die Beschäftigung mit den Naturwissenschaften den Prozeß der Selbstfindung und erweitert das gesamte »Wahrnehmungsmuster«. Durch jene »vierte Dimension«, die Christa Wolf in Anlehnung an Einsteins Begriff auch für die Literatur fordert, erfährt ihre Prosa einen substantiellen Zuwachs, der ihr innerhalb der Moderne einen hohen Stellenwert verleiht. Wie sehr der Autorin naturwissenschaftliche Denkkategorien geläufig sind, zeigt sich auch darin, daß sie die traditionelle Schreibweise mit ihrer »aus Versatzstücken gefertigten ›Fabel‹ alter Provenienz«

mit der abgedankten Newtonschen Himmelsmechanik vergleicht.
Zwei Jahre nach ihren Aufenthalten im Gaterslebener Forschungsinstitut besucht Christa Wolf zusammen mit ihrer Familie die Stätte ihrer Kindheit im heutigen Polen. Diese Reise ist Ausgangspunkt der Niederschrift von *Kindheitsmuster*, und sie führt zur Wiederbegegnung mit Landsberg an der Warthe, über das sie schon 1965 schrieb: »Ich hing an dieser Umgebung, an dem Blick aus meinem Fenster über die ganze Stadt und den Fluß, an den Seen, an den Kiefernwäldern, an dieser im ganzen vielleicht kargen Landschaft. Ich konnte mir keinen anderen Hintergrund für mein Leben vorstellen.«
In *Kindheitsmuster* ist diese Reise in die Vergangenheit beschrieben. Mehrere, zum Teil schon erwähnte Erzählungen waren zuvor entstanden oder folgten bald darauf, Prosastücke, in denen nun auch Themen der Romantik aufgegriffen und der Phantasie, dem Märchenhaften und dem Traum ihre Rechte zugestanden wurden: *Dienstag, der 27. September* (1960), *Juninachmittag* (1965), *Unter den Linden* (1969), *Blickwechsel* (1970), *Neue Lebensansichten eines Katers* (1970), *Kleiner Ausflug nach H.* (1971) und *Selbstversuch* (1972).
Das Thema des Zusichselberkommens in *Nachdenken über Christa T.* wird in der Traumerzählung *Unter den Linden* weiter variiert. Das Leitmotiv lautet: »Denn höher als alles schätzen wir die Lust, gekannt zu sein.« Am Ende dieser Erzählung, die zu Christa Wolfs »unwahrscheinlichen Geschichten« gehört, erscheint das Traumbild einer Frau, die in vollkommener Harmonie mit sich selber lebt: »Diese Frau würde niemals vom Glück verlassen sein. Alles, was anderen mißlang, würde ihr glücken. Nie, nie konnte sie Gefahr laufen, sich zu verfehlen. Kein Zeichen an ihrer Stirn deutete auf unlösbare Verstrickungen hin. Ihr war es gegeben, unter den Verheißungen und Verlockungen des Lebens frei zu wählen, was ihr zukam.«
Während die Begegnung mit dieser Traumfrau zunächst noch Neid und Kummer in der Träumenden auslöst, fällt plötz-

lich, wie in Novalis' romantischem Gleichnis von der Göttin zu Sais, der Schleier: »Auf einmal sah ich: Das war ja ich. Ich war es gewesen, niemand anders als ich selbst, der ich begegnet war.« Der Traum als Schlüssel zum Ich: Sigmund Freud hatte ihn sieben Jahrzehnte früher schon als die »via regia«, den »königlichen Weg« zur Seele bezeichnet.

Mit *Unter den Linden* ist nicht nur die Berliner Prachtstraße auf der Ost-West-Achse gemeint. Der Titel erlaubt auch eine Assoziation mit Walther von der Vogelweides berühmtem Liebeslied »Unter der linden ...«. Und um Liebe und den Wunsch nach voll gelebtem Leben geht es auch durchgehend in der Traumerzählung Christa Wolfs: »Siehst du nicht, wie sie davonjagen, immer weiter von sich weg? Und fragst dich nie, wohin alles gerät, was wir niemals tun können? Das ungelebte Leben?«

Dem ungelebten Leben der Marionettenmenschen, denen »an ihrem eigenen Glück nichts liegt«, wird die Liebe als Lebenssinn gegenübergestellt. Liebe aber ist die Domäne der Frau, die unter ihrem Fernsein leidet. Die Geschlechterrollen in ihrer tragischen Gegensätzlichkeit offenbaren sich im Traumgespräch mit einem Mann: »Noch wehren wir uns vielleicht ein bißchen gegen die bindende Verabredung, das Ausbleiben der Liebe sei nicht tragisch zu nehmen. Ein Mann wie Sie hat das hinter sich. Er erklärt sich alles und lehnt es ab zu leiden. Wir, bedauerlicherweise, können uns nur durch Liebe mit der Welt verbinden. Vorläufig ... Seien Sie unbesorgt: Bald klagt Ihnen niemand mehr sein Leid. Bald verbindet uns nichts als unsere Seelenblindheit ... Da wir alle die Sünde der Lieblosigkeit kennen, wird niemand sich mehr ihrer erinnern. Das werden wir Glück nennen.« Doch die Träumende widersetzt sich dem: »Ich kann die Liebe nicht vertagen. Nicht auf ein neues Jahrhundert. Nicht auf das nächste Jahr. Um keinen einzigen Tag.«

Drei Jahre nach dieser Erzählung schreibt Christa Wolf wieder eine »unwirkliche Geschichte«. Sie spielt in der nahen Zukunft des Jahres 1992. Es ist die Emanzipationssatire *Selbstversuch*. Und wieder heißt es darin: »Höher als alles, schätzen wir die Lust, erkannt zu werden. Euch aber ist unser Anspruch die reine Verlegenheit, vor der ihr euch, wer weiß, hinter euren Tests und Fragebogen verschanzt.«

Die in der Ichform geschriebene Erzählung wird als der »Traktat zu einem Protokoll« ausgewiesen, in dem über das Experiment einer Geschlechtsumwandlung berichtet wird. Eine dreiunddreißigjährige Wissenschaftlerin, »Doktor der Physiopsychologie und Leiterin der Arbeitsgruppe GU (Geschlechtsumwandlung) im Institut für Humanhormonetik«, unterzieht sich freiwillig dem Experiment. Als Mann möchte sie das Geheimnis des Mannes ergründen, den sie liebt. Vor ihrer völligen Selbstentfremdung aber bricht sie das Experiment ab, um wieder Frau zu werden. Das Weibliche hatte sowieso in ihrem Erinnerungsvermögen auch als Mann noch, »wie eine Katze eingerollt«, weitergelebt.

Mit großer Meisterschaft und emotionalem Engagement wird in *Selbstversuch* der innere Verlauf einer Geschlechtsumwandlung mit allen dabei anfallenden Erkenntnissen, die das immer noch weibliche Bewußtsein in der neuen Geschlechterrolle registriert, geschildert. Die Wissenschaftlerin kommt zu der Erkenntnis: »Mann und Frau leben auf verschiedenen Planeten ..«

Während sie sich im frühen Stadium ihrer Umwandlung noch »im Unschärfebereich des Niemandslandes« befindet und »nichts als ein erstes bißchen Heimweh nach den Ungereimtheiten der Frauen« hat, schlüpft sie bei fortdauerndem Experiment doch zunehmend in das Wesen des Mannes: »Schon kam es mir nicht mehr gefährlich vor, an jener Arbeitsteilung mitzuwirken, die den Frauen das Recht auf Trauer, Hysterie, die Überzahl der Neurosen läßt und ihnen den Spaß gönnt, sich mit den Entäußerungen der Seele zu befassen (die noch kein Mensch unter dem Mikroskop gefunden hat) und mit dem großen, schier unausschöpflichen Sektor der schönen Künste. Während wir Männer die Weltkugel auf unsere Schultern laden, unter deren Last wir fast zusammenbrechen, und uns unbeirrt den Realitäten widmen, den drei großen W: Wirtschaft, Wissenschaft, Weltpolitik. Und einen Gott, der käme, uns die Sehergabe zu verleihen, voll ehrlicher Entrüstung abweisen würden ...«

Schließlich durchschaut die geschlechtsumgewandelte Wissenschaftlerin als Spion »im Hinterland des Gegners« alle Unternehmungen der Männer, in die sie sich so gern verlieren. Sie erkennt, daß selbst die »bequemen Vorrechte« der Männer deren »Glück nicht sein können, und daß wir ein Recht auf Widerstand haben, wenn ihr uns in sie hineinziehen wollt«.
Wieder zur Frau zurückverwandelt, steht ihr, die höher als alles, »die Lust, erkannt zu werden«, schätzt, ein neues Experiment bevor, diesmal ihr eigenes: »... der Versuch zu lieben. Der übrigens auch zu phantastischen Erfindungen führt. Zur Erfindung dessen, den man lieben kann.«

Begreifen, daß wir ein Entwurf sind

Christa Wolfs scharfsichtige Emanzipations-Geschichte *Selbstversuch* entstand in der Auseinandersetzung mit der Gleichberechtigungspolitik der SED. Sie sah darin die Abdrängung der Frauen in männliche Rollenmuster, die sie mit »Besorgtheit, ja Bitterkeit« beobachtete. Zusammen mit Günter de Bruyns Geschichte *Geschlechtertausch*, und wie diese als Auftragsarbeit, erschien *Selbstversuch* erstmals im Februar 1973 in der Zeitschrift *Sinn und Form* als Beitrag zu einer Anthologie, in der verschiedene Lebens- und Rollenvorstellungen auf dem gesellschaftlichen Experimentierfeld der DDR durchgespielt werden sollten. Schon in *Lesen und Schreiben* hatte Christa Wolf sich dagegen gewandt, »daß die Frauen ›werden wie die Männer‹, also dasselbe tun dürfen, dieselben Rechte wie sie bekommen und immer mehr auch wahrnehmen können, wo doch die Männer es so nötig hätten, selbst emanzipiert zu werden«.
Im Entstehungsjahr von *Selbstversuch* (1972) erschien als Gemeinschaftsarbeit von Christa und Gerhard Wolf die Filmerzählung *Till Eulenspiegel*, nach deren Motiven 1975 der gleichnamige DEFA-Film in der Regie von Rainer Simon gedreht wurde. Absicht dieses Prosawerkes ist es, Geschichte einmal nicht vom Gesichtspunkt der Herrschenden, sondern der Beherrschten aus zu begreifen. Die historisch umstrittene Figur des norddeutschen Schalks, der im 14. Jahrhundert gelebt haben soll, wird von den Autoren um zwei Jahrhunderte ins spannungsreichere Umbruchszeitalter der Reformation und des Humanismus verlegt. Mit Witz und aus großer kultur- und literaturgeschichtlicher Kenntnis heraus geschildert, ist diese Till-Geschichte ein Lobpreis des Lachens, eine Weisheitslehre im Kleide des Narren, unter dem sich ein Sozialrevolutionär und Menschenfreund, ein Wissender und dennoch Hoffender verbirgt. Till kennt das Rezept der Herrschenden, in diesem Falle das der Kirche: »Über Gläubige kann auf Dauer nur der Ungläubige herrschen.«

Nicht nur Handwerker und Höflinge, Bischöfe und Bundschuhbauern, Wiedertäufer und Humanisten, Fanatiker und Fahrende, Spielleute und Mönche ziehen in diesem »gedachten« Film am lesenden Zuschauer vorbei; auch Erasmus von Rotterdam und Beatus Rhenanus, ein Bettlerkönig und Paracelsus, Luther und Kaiser Karl V. treten in bunter Reihenfolge auf. In dieser Filmerzählung, die jedem Leser noch genug Spielraum läßt, »sich seine Vorstellung zu inszenieren«, spiegelt sich auch die stets aktuelle Dialektik von Freiheit und Geistesträgheit, von Selbsterkenntnis und Anbetungsbedürfnis wider, während eine ganze Skala von Gesetzlichkeiten der Massenpsychologie daraus abzulesen ist, die wiederum an Dostojewskis *Großinquisitor* erinnern. Einwände des Humanisten gegen kirchliche Denkverbote etwa werden vom Erzbischof als Ketzerei gebrandmarkt, denn: »Der Mensch braucht über sich das Dach des unfehlbaren Glaubens, damit er nicht die verzweifelte Leere des Alls spüre.«
In lebendiger Szenenfolge rollt eine faszinierende Welt der Oberen und Unteren ab, eine Welt, in der Paracelsus die Syphilis des Kaisers heilen soll, während von Tanzwut erfaßte Paare Totentanzlieder singen. Till selbst aber, der seiner Mission des Aufklärens im Schelmenkleid sein eigenes Glück und sogar seine Liebe zu dem Mädchen Anna opfert, gibt auf dem Totenbett das Ziel seines Lebens preis: »... aus Menschen Menschen machen.«
Man kann, wie Sonja Hilzinger, im *Till Eulenspiegel* durchaus »das Prinzip der Ideologiekritik als Korrektiv für jede politische Richtung und Bewegung« sehen, desgleichen ein Plädoyer für einen »offenen Sozialismus«, der nicht Gläubige, sondern »geistig reife, autonome Menschen« braucht. Christa Wolf schrieb über den Till: »Uns interessierte von Anfang an eine Gestalt, die aus naiven, gläubigen Anfängen sich durch Lebenserfahrung herausarbeitend, am Ende die Machtverhältnisse und Konventionen ihrer Zeit durchschaut und, bis auf den Grund ernüchtert, aber nicht resigniert, mit ihnen umzugehen, ja zu spielen weiß.«
Eine Reihe von Ehrungen stellten sich in dieser Zeit ein. 1973 nimmt Christa Wolf den Fontane-Preis des Bezirks

Potsdam entgegen und besucht die Tagung der P.E.N.-Exekutive in Stockholm. Ins Jahr zuvor fällt ein Parisaufenthalt sowie die Kontroverse mit der Stadt Braunschweig, deren Wilhelm-Raabe-Preis sie ablehnte, nachdem die zweite Hälfte dieser Ehrung Walter Kempowski zugesprochen wurde. 1974 geht die Autorin als Max-Kade-German-Writer-in-Residence zu einem längeren Aufenthalt in die USA ins Oberlin College nach Ohio, und 1975, ein Jahr vor Erscheinen von *Kindheitsmuster*, besucht sie die Schweiz zu einer Lesereise.

Die Vorabeiten zu *Kindheitsmuster* reichen bis in die Entstehungszeit von *Nachdenken über Christa T.* zurück. Die eigentliche Arbeit begann im November 1972, und erst im Mai 1975 wurde das Manuskript abgeschlossen.

Drei verschiedene Text- und Zeitschichten sind in diesem Erinnerungsbuch persönlicher und zeitgeschichtlich-kritischer Bestandsaufnahme ineinander verwoben: Kindheit (1933–1947), Polenreise (1971) und die Zeit der Niederschrift (1972–1975). Dabei entstand ein in mannigfacher Mischung und Verschränkung ebenso assoziatives wie kunstvoll kompliziertes Erzählgeflecht, in dem essayistische und poetische Passagen sich durchdringen. Die Autorin hat in diesem Buch die Summe ihres bisherigen Denkens und Schreibens gezogen. Immer wieder läßt sie den Leser auch an ihren Gedanken über das Schreiben selbst teilhaben. Nur einige Beispiele:

»Man kann entweder schreiben oder glücklich sein.«

»Daß man nicht leben kann, während man Leben beschreibt. Daß man Leben nicht beschreiben kann, ohne zu leben. Der Widerspruch erklärt hinreichend die Überanstrengung.«

»Die besondere Natur des Leidens, das ›Angst‹ heißt, ist es, die jene Art von Produktionen hervortreibt, in denen du dich erkennst.

Wozu es leugnen.

Die Hoffnung, freizukommen.

Befreiung als Prozeß. Als Selbstbestätigung, für die ein Jahrestag nicht angesetzt werden kann. Schreibend den Rückzug der Angst betreiben.«

In *Kindheitsmuster* klingt, wenn auch in moderner Instrumentation und mit allen Dissonanzen der Nach-Auschwitz-Zeit, ein Generalthema an: der »Weg nach Innen«, wie schon die Romantiker ihn suchten. Im *Heinrich von Ofterdingen* des Novalis heißt es: »Wo gehen wir denn hin? Immer nach Hause.«

Diese Art des Denkens weist, wie die romantische Bewegung in Deutschland, nach Osten. Dafür mag auch Heinrich Bölls Beobachtung stehen: »Es ist mir bei ›Kindheitsmuster‹ zum ersten Mal bei der Lektüre eines Buches von Christa Wolf der Gedanke gekommen, daß sie eigentlich in die Tradition einer Innerlichkeit gehört, die nicht nur eine deutsche ist. Das mag merkwürdig klingen, kommt auch mir überraschend vor und erscheint mir doch der Überlegung wert. Innerlichkeit kombiniert mit einem weiteren Begriff, der sich mir aufdrängt: ostdeutsch, eine Eigenschaft, die wir – jedenfalls meine Altersklasse, soweit sie westdeutsch bestimmt war, durch Vorurteile programmiert – nie wahrgenommen haben. Es hat lange gedauert, bis mir die Qualitäten – und damit auch der Verlust – des Ostdeutschen bewußt geworden sind.«

Ins Erscheinungsjahr von *Kindheitsmuster* fällt ein spektakuläres Ereignis in der Kulturszene der DDR: die Ausbürgerung von Wolf Biermann – in den Augen von Heinrich Böll »eine große Dummheit«. Dem Volkssänger wurde bekanntlich DDR-schädigendes, sozialismusfeindliches Verhalten und Sympathie für den Klassenfeind zur Last gelegt. Ein absurder Vorwurf, den nur erheben kann, wer selbst die Vision des Sozialismus zur Diktatur von Fanatikern und Bürokraten pervertiert, um diejenigen zu entmündigen, deren Rechte und Freiheiten es nach der klassischen Lehre des Kommunismus gerade sicherzustellen gälte. Laut Mitteilung des *Neuen Deutschland* vom November 1976 haben hundertzehn DDR-Schriftsteller in einer Resolution der Ausbürgerung Biermanns zugestimmt. Demgegenüber fällt aber ein »Offener Brief« in Sachen Biermann mit mehr als hundert Unterschriften von Schriftstellerkollegen, die dagegen waren, um so stärker ins Gewicht. Die Namen von Christa Wolf und ihrem Mann stehen mit an erster Stelle. In diesem durchaus gemäßigten Brief, der zuerst dem *Neuen Deutschland*

und der DDR-Nachrichtenagentur ADN angeboten worden war und erst dann, als beide nicht reagierten, an die britische Nachrichtenagentur Reuter und die französische AFP ging, heißt es: »Wolf Biermann war und ist ein unbequemer Dichter – das hat er mit vielen Dichtern der Vergangenheit gemein. Unser sozialistischer Staat, eingedenk des Wortes aus Marxens ›18. Brumaire‹, dem zufolge die proletarische Revolution sich unablässig selber kritisiert, müßte im Gegensatz zu anachronistischen Gesellschaftsformen eine solche Unbequemlichkeit gelassen nachdenkend ertragen können.« Nach der Feststellung, sich »nicht mit jedem Wort und jeder Handlung Biermanns« identifizieren zu wollen, und der Distanzierung »von Versuchen, die Vorgänge um Biermann gegen die DDR zu mißdeuten«, jenes Biermann, der selbst nie daran Zweifel gelassen habe, »für welchen der beiden deutschen Staaten er bei aller Kritik eintritt«, endet der Brief: »Wir protestieren gegen eine Ausbürgerung und bitten darum, die beschlossenen Maßnahmen zu überdenken.«
In der DDR überschlug sich daraufhin die Kampagne des Politbüros, der ihm hörigen Kulturfunktionäre und linientreuer Schriftsteller gegen Biermann und seine Verteidiger. Im *Neuen Deutschland* werden Heinrich Mann und Bert Brecht in weithergeholten Zitaten bemüht, die Kabarettisten der Ostberliner »Distel« distanzierten sich von Biermann, und sogar der »Bund der Architekten der DDR« fühlt sich aufgerufen, diesen Mann, der auf der »Seite des Klassenfeindes« steht und »für unseren Staat nicht einen Stein auf den anderen gesetzt hat«, zu ächten.
Über den ganzen Vorgang schrieb der Münchner Kabarettist Dieter Hildebrandt am 3. Dezember 1976 in der Wochenzeitung *Die Zeit*: »Wenn Zeitungsseiten rot werden könnten vor Verlegenheit, vor Scham nicht über die Umstände, die sie beklagen, sondern unter denen sie zustande gekommen sind ... dann wären einige Seiten des ›Neuen Deutschland‹ und der Ost-›Berliner Zeitung‹ in den letzten Tagen in Rot erschienen: *embarras de tristesse.*«
In einer am 26. November gefaßten Resolution der »Parteiorganisation des Bezirksverbandes Berlin des Schriftsteller-

verbandes der DDR« heißt es u.a.: »Wir haben das Verhalten der Mitglieder unserer Parteiorganisation Jurek Becker, Volker Braun, Stephan Hermlin, Sarah Kirsch, Günter Kunert, Christa Wolf, Gerhard Wolf sowie Reimar Gilsenbach und Karl-Heinz Jakobs, die sich in Sachen Biermann an imperialistische Nachrichtenagenturen gewandt und damit objektiv der antikommunistischen Hetze unserer Gegner gedient haben, prinzipiell kritisiert und verurteilt. Wir haben sie aufgefordert, ihr unparteigemäßes Verhalten zu revidieren.«
Am 20. Dezember 1976 erfolgt der Ausschluß Christa Wolfs aus dem Vorstand der Berliner Sektion des Schriftstellerverbandes der DDR und der ihres Mannes aus der Partei. Schon bald aber, am 26. Januar 1977, kann sie, die zuvor noch einen Herzanfall überstanden hatte, den Literaturpreis der Stadt Bremen für *Kindheitsmuster* engegennehmen. Am Fall Biermann aber zeigte sich wieder einmal die Charakterstärke Christa Wolfs gegenüber den Instanzen ihres eigenen Staates. Noch Jahre später, in ihrem Brief an den DDR-Schriftstellerkongreß vom November 1987 in Ostberlin, beharrt sie auf ihrer Meinung der ungerechtfertigten Ausbürgerung Wolf Biermanns und der Verbandsausschlüsse der damals dagegen Protestierenden. Nicht Ausgrenzung, sondern Integration sei die Aufgabe des Verbandes, fordert sie.
Doch zurück ins Jahr 1977: In ihrer Bremer Dankesrede *Ein Satz* klopft die Autorin unsere Sprache mit wissenschaftlicher Akribie und aufklärerisch-pädagogischem Eros auf Widersprüche, Unwahrheiten und Klischees hin ab. Sie benennt darin nicht nur die Angst, »uns über ›die dunkle, unenthüllte Tiefe der Sprache‹ zu beugen, von der Humboldt spricht«, sondern durchleuchtet auch die »Sprache, die leerläuft, Zweck wird, anstatt Mittel zu sein: Böser Zauber in einer entzauberten Welt«. Auch Heinrich von Kleist wird zitiert: »Ich will mein Herz nicht mehr binden und rädern, frei soll es die Hügel bewegen, ungezügelt um seine Sonne soll es fliegen, flöge es auch gefährlich, wie die Motte ums Licht.« – Kleist und die Günderrode werden ihr nächstes großes Thema. *Kein Ort. Nirgends* ist der Titel der Erzählung, die 1979 erscheint. Er verweist auf das griechische

»Outopos«, den Nirgend-Ort, von dem der Name »Utopie« sich ableitet.
»Kein Ort. Nirgends«: Melancholie, Hoffnungslosigkeit, Verzweiflung, wie sie Heinrich von Kleist und Karoline von Günderrode heimsuchten und wie sie die 26jährige Dichterin 1806, den 34jährigen Dichter 1811 zum Selbstmord trieben, werden durch diesen Titel assoziiert. Heimatlos sind von jeher die Dichter, Fremdlinge in der Welt. »Kein Ort« kann Erfüllungsstätte ihrer Sehnsucht sein. »Nirgends« hält der Boden den Ankern ihrer Traumschiffe stand.
Christa Wolf führt in ihrer Erzählung Kleist und die romantische Dichterin in einer fiktiven Begegnung im Hause von Clemens und Bettina von Brentano in Winkel am Rhein zusammen. Dabei wird deren Seelenverwandtschaft offenbar. Unübersehbar bringt die Autorin sich selbst in ihre Figuren mit ein. So etwa, wenn sie den abendlichen Spaziergang der beiden beschreibt und über die Günderrode sagt: »Um diese Zeit wünscht sie sich oft, allein und für alle tot zu sein, außer für den, den sie noch nicht kennt und den sie sich erschaffen wird.« Erinnern wir uns: In *Selbstversuch* war von der »Erfindung dessen, den man lieben kann«, die Rede. Die Autorin ist aber auch gegenwärtig in jenen Sätzen des Dialogs, von denen nicht mehr zu unterscheiden ist, wer spricht, sie selbst, die Günderrode oder Kleist: »So wirken auch wir mit an der Aufteilung der Menschheit in Tätige und Denkende. Merken wir nicht, wie die Taten derer, die das Handeln an sich reißen, immer unbedenklicher werden? Wie die Poesie der Tatenlosen den Zwecken der Handelnden immer mehr entspricht?«
Und sie ist gegenwärtig im Doppelsinn dieses Wortes: Einmal als Person im fiktiven Geflecht ihrer Erzählung im Zeitalter der Romantik, das andere Mal als kaum getarnte Kritikerin im politischen Umfeld der realen Zeit. So etwa, wenn sie Kleist über den Staat sagen läßt: »Soll der Staat meine Ansprüche an ihn, soll er mich verwerfen. Wenn er mich nur überzeugen könnte, daß er dem Bauern, dem Kaufmann gerecht wird: daß er uns nicht alle zwingt, unsere höheren Zwecke seinem Interesse zu unterwerfen.« Oder, desgleichen

über den Staat: »Die Wahrheit will er nur so weit kennen, als er sie gebrauchen kann. Er will sie anwenden. Und worauf? Auf Künste und Gewerbe. Aber die Künste lassen sich nicht wie militärische Handgriffe erzwingen. Künste und Wissenschaften, wenn sie sich selbst nicht helfen, so hilft ihnen kein König auf. Wenn man sie in ihrem Gang nicht stört, das ist alles, was sie vom König begehren.«

Dicht ist »subjektive Authentizität« hier mit jener Zeitgenossenschaft verknüpft, aus der heraus das Ethos der Schriftstellerin erwächst, die in ihrem Werk Alternativen zu den zerstörerischen Tendenzen der Gegenwart aufzuspüren versucht. Hinzu kommt eine selbstkritische Untersuchung dessen, was Prosa überhaupt zu bewältigen vermag: das Leiden an den »Grenzen des Sagbaren«, von denen schon *Kindheitsmuster* handelte. Nicht zuletzt aber haben auch die schmerzhaften Vorgänge um die Biermann-Ausweisung ihren Nachhall in dieser Erzählung gefunden. In einem Gespräch mit Frauke Meyer-Gosau sagte Christa Wolf 1982: »›Kein Ort. Nirgends‹ hab' ich 1977 geschrieben. Das war in einer Zeit, da ich mich selbst veranlaßt sah, die Voraussetzungen von Scheitern zu untersuchen, den Zusammenhang von gesellschaftlicher Verzweiflung und Scheitern in der Literatur. Ich hab' damals stark mit dem Gefühl gelebt, mit dem Rücken zur Wand zu stehen und keinen richtigen Schritt tun zu können. Ich mußte über eine gewisse Zeit hinwegkommen, in der es absolut keine Möglichkeit mehr zu geben schien.«

Aber trotz der in diesem Gespräch ebenfalls erwähnten »Polarisierung der kulturell arbeitenden Menschen auf verschiedenen Gebieten, besonders in der Literatur« während des Jahres 1976 und der daraus resultierenden Krise, »die existentiell war«, findet Christa Wolf in *Kein Ort. Nirgends* neben zeitkritischen Tönen auch zu zeitübergreifenden Aussagen. Sie betreffen die immer wichtiger werdende Frage der Frauenemanzipation, das Verhältnis des Individuums zur Gesellschaft generell sowie die Situation des Schriftstellers und Dichters, der in jeder Epoche um seine Utopie zu ringen hat und der sich dabei leicht, wie Kleist und die Günderrode, die »Stirn an der gesellschaftlichen Mauer« wund reibt, um eine Formulierung Anna Seghers' zu gebrauchen. In diesem Zusammenhang nennt Christa Wolf in ihrer Erzählung auch den Autor des *Hyperion* und der großen deutschen Hymnendichtung, über den sie bemerkt: »Hölderlin macht der Welt, damit sie ihn nicht zugrunde richtet, einen Vorschlag zur Güte: Der Dichter ist verrückt.« Und über Kleist: »Er hat die Wahl – falls das eine Wahl zu nennen ist –, das verzehrende Ungenügen, sein bestes Teil, planvoll in sich abzutöten oder ihm freien Lauf zu lassen und am irdischen Elend zugrunde zu gehen.«

»Irdisches Elend« – das sind neue Töne, die über die Niederungen der Zeit hinaus bis ins Metaphysische reichen. Sie erinnern an Kafka, der sich Zeit seines Lebens bemühte, im zermürbenden Kampf gegen das, was er die »Erdenschwere« nannte, das verloren gegangene göttliche »Gesetz« wiederzufinden. Bei Christa Wolf stellen sich dabei makabre Visionen ein. Kleist zur Günderrode: »Warum lacht man. Nicht aus Fröhlichkeit. Wie man bald aufhören wird, aus Trauer zu weinen. Bald werden wir für alles, was uns überkommt, nur noch dieses Gelächter haben. Ein Höllengelächter wird uns, ich weiß nicht, wohin, begleiten.« Der Günderrode sind solche Gedanken nicht fremd. Aber sie antwortet mit dem »Trotzdem« der Dichterin, die dem Chaos aus innerer Notwendigkeit den Willen zur Formgebung entgegensetzt, auch wenn der höchste Anspruch nie befriedigt werden kann. Clemens Brentano gesteht sie: »Daß ich schreiben muß, steht mir fest. Es ist eine Sehnsucht in mir, mein Leben in einer bleibenden Form auszusprechen ... Aber halten Sie mich für so selbstvernarrt, daß ich nicht wüßte, wie weit ich davon entfernt bin, meine Sehnsucht zu verwirklichen?«

Hier spricht eine Frau, die sich, ihrer weiblichen Gestaltungskräfte bewußt, von den Fesseln gesellschaftlicher und patriarchalischer Strukturen befreit hat. Von ihr wird auch gesagt: »Unleidlich ist es ihr, was ein Mann sich ohne weiteres gegen eine Frau herausnehmen darf, und daß die seine Zudringlichkeit nicht abwehren kann, ohne am Ende als die Spröde, Zimperliche, Unweibliche dazustehen ... Sie sagt, nach ihren Beobachtungen gehöre zum Leben der Frauen mehr Mut als zu dem der Männer.« Dennoch hat sie Verständnis für die Männer, weil diese »selbst in auswegloser Verstrickung sind«. Die Günderrode zu Kleist: »Ihr werdet durch den Gang der Geschäfte, die euch obliegen, in Stücke zerteilt, die kaum miteinander zusammenhängen. Wir sind auf den ganzen Menschen aus und können ihn nicht finden.«

Karoline von Günderrode, die in Christa Wolfs Erzählung »die Tiefe der Zeit als Krater eines Vulkans« sieht, tritt Kleist wie ein lange ersehntes Echo seiner selbst gegenüber, auch wenn ihre Wege sich wieder trennen. Sie ist »die Frau«, die in dem in sich selbst verkapselten Mann vielleicht sogar etwas von jener Sehnsucht nach dem »ewig Weiblichen« erwecken könnte, das in fernen Zeiten sich, neben vielen anderen Namen, auch als »weiße Göttin« offenbarte, weil sie trotz ihrer eigenen Einsamkeit Urmütterliches in sich birgt, über alles Unglück, alles Verderben und Verhängnis, das sie als Kind ihrer Zeit in sich trägt, hinaus.

Gegen Ende der Erzählung, als es dunkel wird auf dem einsamen Spaziergang der Dichterin mit dem Dichter am Fluß, beginnt die Günderrode »auf einmal zu lachen, erst leise, dann laut und aus vollem Hals. Kleist wird angesteckt. Sie müssen einander halten, um vor Lachen nicht umzusinken. Näher sind sie sich nie als in dieser Minute.« Ein merkwürdiges Lachen. Verzweiflung und ein Fünkchen Hoffnung mischen sich in ihm und ein »unausrottbarer Glaube, der Mensch sei bestimmt, sich zu vervollkommnen«.

Und im Gleichklang dreier Stimmen, der die der Günderrode, Kleists und der Erzählerin vereint, heißt es: »Wenn die Menschen gewisse Exemplare ihrer eigenen Gattung aus Bosheit oder aus Unverstand, aus Gleichgültigkeit oder aus Angst vernichten müssen, dann fällt uns, bestimmt, vernichtet zu werden, eine unglaubliche Freiheit zu. Die Freiheit, die Menschen zu lieben und uns selbst nicht zu hassen. Begreifen, daß wir ein Entwurf sind – vielleicht, um verworfen, vielleicht, um wieder aufgegriffen zu werden, darauf haben wir keinen Einfluß.«

Kassandra

Schon seit Mitte der siebziger Jahre wendet Christa Wolf sich dem Frauen-Thema zu. In Verbindung mit der Thematik von Krieg und Frieden wird es von nun an immer dringlicher. Und immer klarer und vernehmlicher wird im nächsten Jahrzehnt die Kritik an einer Männerwelt, die tiefer als die der Frauen in den fatalen Prozeß der Selbstentfremdung und der blinden Wissenschafts- und Fortschrittsgläubigkeit bis hin zum tödlichen Rüstungswahn verstrickt ist. Am Beispiel schreibender Frauen – Karoline von Günderrode oder Bettina von Arnim im Zeitalter der Romantik, Anna Seghers, Ingeborg Bachmann oder Maxie Wander in unserem Jahrhundert – sieht sie Möglichkeiten eines weiblichen Selbstbewußtseins, »das nicht zugleich Wille zum Herrschen, zum Dominieren, zum Unterwerfen bedeutet, sondern Fähigkeit zur Kooperation«, wie es in *Lesen und Schreiben* heißt.
In ihrer Darmstädter Rede zum Georg-Büchner-Preis, der ihr 1980 für *Kein Ort. Nirgends* von der Deutschen Akademie für Sprache und Dichtung zugesprochen worden war, hält sie unserer waffenstarrenden Zivilisation und ihrem »over-kill«-Irrsinn einen Spiegel vor. Da ist von »uns Zeitgenossen jener Zivilisation« die Rede, »welche das ihr Liebste und Wertvollste – Geld und technische Perfektion – in irrsinnigem Kurzschlußdenken an die Produktion zu ihrer Selbsttötung wendet«, vom Mißbrauch und den Verstrickungen der Literatur, die vielleicht bald »nicht mehr Lebens-, nur noch Sterbehilfe leisten« kann. »Wir, ernüchtert bis auf die Knochen«, charakterisiert die Rednerin die menschenfeindlichen Tendenzen der modernen Industriegesellschaft, »stehen entgeistert vor den vergegenständlichten Träumen jenes instrumentalen Denkens, das sich immer noch Vernunft nennt, aber dem aufklärerischen Ansatz auf Emanzipation, auf Mündigkeit hin, längst entglitt und als blanker Nützlichkeitswahn in das Industriezeitalter eingetreten ist.«

Auch die Sprache, für die Schriftstellerin geistige Kraft gegen das Chaos, »Zentrierung um den Logos«, wie es in der ersten Frankfurter Poetik-Vorlesung heißt, wird in ihrer Entartung zur »Spezialsprache« der Naturwissenschaftler und der Militärs unter die Lupe genommen. Da wird nicht mehr Frieden, Mond, Stadt, Wiese, Leben oder Tod gesagt, sondern nur noch »Nukleares Patt«, »Erdsatellit«, »Siedlungsgroßraum«, »Grünland«, »Bewegungsform der Materie« oder »Exitus«. – Christa Wolfs Forderung: »Literatur heute muß Friedensforschung sein.«
Angesichts der Schrecken und Bedrohungen, die uns umstellen, wird die Dichterin mehr und mehr zur Kassandra. Doch ist ihr bewußt: »Jetzt muß man nicht mehr ›Kassandra‹ sein: Die meisten beginnen zu spüren, was kommen wird.« Dieses Zitat aus der dritten Poetik-Vorlesung steht unter dem 2. Februar 1981. Wenig später, am 22. Februar, heißt es: »Sich den wirklichen Zustand der Welt vor Augen halten, ist physisch unerträglich ... Der Wahnsinn geht mir nachts an die Kehle.« Schon unter dem 8. Juli 1980 findet sich eine Erklärung dessen, was die Autorin »Wahndenken« nennt: »Ich meine die Absurdität der Behauptung, eine exzessive atomare Aufrüstung beider Seiten mindere als ›Gleichgewicht des Schreckens‹ die Kriegsgefahr; biete auf die Dauer auch nur ein Minimum an Sicherheit. Ich meine die groteske Kalkulation mit Strategien, die schon auf die konventionellen Waffenarten bezogen verheerend waren, auf Atomwaffen bezogen sinnlos, irrational geworden sind, wie es der zynische Satz ausdrückt: Wer als erster zuschlägt, wird als zweiter sterben.« In *Kassandra* steht dann der Satz: »Zwischen Töten und Sterben ist ein Drittes: Leben.«
Als eine der wenigen Frauen nimmt Christa Wolf im Dezember 1981 an der ersten »Berliner Begegnung« teil. Bei diesem Treffen in der DDR diskutieren Schriftsteller und Wissenschaftler aus beiden deutschen Staaten und einige Gäste aus anderen europäischen Ländern über Initiativen zur Friedensförderung. In ihrer Rede sagt Christa Wolf: »Ich kann mir nichts anderes vorstellen, als daß die Literatur heute schon machen müßte, was phantastisch und utopisch er-

scheint. Das zu schaffen, was in der Definition von Wissenschaft und Politik überhaupt nicht ›wahr‹ ist ... jedenfalls nicht effektiv.«

In einem Antwortbrief an einen jungen Mann aus Freiburg, der sich mit der Frage an sie wandte, ob es heute überhaupt noch Hoffnung geben könne, erwähnt sie auch die »Berliner Begegnung« und schreibt von der Schwierigkeit, »aus dem Nichts ein Etwas zu machen, aus Ohnmacht Wirkung«. Dazu zitiert sie die Friedensbewegung in der Bundesrepublik, die diese Leistung erbringe, indem sie dem »No-future«-Verdikt, das über die Jugend verhängt worden sei, die »Vision eines gewaltfreien Zusammenlebens« entgegensetze. Sie gesteht aber auch: »Wenn ich mich beobachte, ertappe ich mich täglich, nächtlich auf einem andauernden inneren Monolog, der kaum abreißt: Ist Europa, sind wir zu retten?«

Diese Frage stellte sie auch bei der »Berliner Begegnung«. Dort sprach sie von ihrer Überzeugung, daß die Raketen und Bomben unserer Zivilisation keine Zufallsprodukte, sondern »genauester und deutlichster Ausdruck des Entfremdungssyndroms der Industriegesellschaft« sind. Dazu findet sie starke Worte, Worte einer Kassandra: »Eine Zivilisation, die imstande war, derart exakt ihren eigenen Untergang zu planen und sich, unter solch furchtbaren Opfern, die Instrumente dafür zu beschaffen – eine solche Zivilisation ist krank, wahrscheinlich geisteskrank, vielleicht todkrank.« Dieser Befund stellt sich für sie deshalb ein, weil diese Zivilisation keinen Wert mehr anerkennt außer dem der »Effektivität« und dem der naturwissenschaftlich begründbaren Fakten des Zähl- und Meßbaren: »Was nicht meßbar, wägbar und verifizierbar ist, das ist so gut wie nicht vorhanden. Es zählt nicht, so wie überall, wo das ›Wirkliche‹ und ›Wichtige‹ entworfen, hergestellt und geplant wird, Frauen nicht zählten und nicht zählen.« Das Thema Frauen gewinnt bereits hier jene zentrale Bedeutung, die ihm dann im Frühjahr 1982 bei den Poetik-Vorlesungen im Hörsaal VI der Frankfurter Universität und in der darauf folgenden Erzählung *Kassandra* eingeräumt wird.

Bedeutendes hat sich mittlerweile im weitvernetzten Erleb-

nis- und Bildungskosmos der Autorin vollzogen: Ihr »Seh-Raster« erfuhr eine neue Erweiterung. Drei Jahrzehnte nach der Begegnung mit dem Marxismus erfaßt nun seit 1980 der Kassandra-Komplex mit allen seinen umwälzenden historischen, mythologischen, tiefenpsychologischen und naturemanzipatorischen Auswirkungen ihr Denken und Schreiben. Das reicht bis an die Wurzeln herkömmlicher Ästhetik, der Kunst und der Literatur. Ästhetik ist nun nur noch als Instrumentarium des Humanen im Gegenzug zu den Entfremdungserscheinungen unseres Zeitalters gefragt. Entscheidend dabei ist, daß dieses Zeitalter nun aber nicht isoliert gesehen und interpretiert wird, sondern eingebettet in dem Kontinuum der Geschichte bis zurück zu den mythischen Gründen und Ursprüngen Europas. Die mythologische Figur Kassandra, antike Seherin und Tochter des Troerkönigs Priamus, steht dabei »als eine Art Legitimations- und Losungswort« für eine revolutionäre Umwertung überkommener Geschichtsauffassung und Heldenverehrung.
Schon in der »Berliner Begegnung« führt Christa Wolf das für unsere Zeit verhängnisvolle »Wegdrängen des weiblichen Faktors in der Kultur« bis auf die Anfänge der patriarchalischen Welt zurück. Sie verweist dabei auf die Vernichtung der – wie wir heute annehmen: friedfertigeren, von Weiblichkeitskulturen getragenen – minoischen Hochkultur vor mehr als drei Jahrtausenden »durch die Expansoren« und fährt fort: »Homer hat diese Kämpfe hundert Jahre später in seinem berühmten Epos verherrlicht: Kampfbeschreibungen sind die ersten Beschreibungen der abendländischen Literatur, Schlachtenschilderungen, Beschreibung von Schlachtgeräten: der Schild des Achill. Daran, ist mir klar geworden, kann ich nicht anknüpfen. Das kann meine Tradition nicht sein. Es ist kein Hymnus denkbar auf die Schönheit der Atomrakete. Auch unsere Ästhetik muß neu durchdacht werden.«
Der neue »Seh-Raster« war, wenn wir so wollen, ein Geschenk des Zufalls. Doch ist, bevor das erklärt wird, zu fragen: Was heißt Zufall? Christa Wolf schreibt jedenfalls schon in *Kindheitsmuster* das Wort »Zufall« »nie anders als zwischen Anführungszeichen«, und in *Kein Ort. Nirgends* muß

Kleist sich von der Günderrode überzeugen lassen, daß es den »blinden Zufall, der unser Leben regiert«, nicht gibt, sondern nur »eine Folge von Ereignissen«, die wir »selbst herbeigeführt haben«.

In diesem Sinne begann es für die Autorin »zufällig«, wie sie schrieb, an jenem 20. März 1980, als sie mit ihrem Mann nach Griechenland flog: »Unbewußt, was ich suchte, und nur, weil es sündhaft gewesen wäre, diese Gelegenheit zu versäumen, wollte ich also nach Griechenland.« So beginnt die erste Poetik-Vorlesung. Tags zuvor hatte das Ehepaar durch ein Versehen der Fluggesellschaft die Maschine nach Athen versäumt. Man nahm die Panne mit Humor, ging im Ostberliner Palasthotel »für das Geld, das auf der Zoll- und Visa-Erklärung festgelegt war«, essen, besorgte Opernkarten und genoß, bei gebührend ironischer Distanz zum Inhalt, abends Mozarts *Entführung aus dem Serail*. Dann aber zeigten das Unbewußte und der Zufall ihr Schicksalsgesicht: »Am nächsten Vormittag, in der leeren Wohnung, in die kein Anruf, kein Brief sich mehr verirrte, begann ich die ›Orestie‹ des Aischylos zu lesen. Ich konnte mir noch zusehen, wie ein panisches Entzücken sich in mir ausbreitete, wie es anstieg und seinen Höhepunkt erreichte, als eine Stimme einsetzte:

Oh! Oh! Ach!
Apollon! Apollon!

Kassandra. Ich sah sie gleich. Sie, die Gefangene, nahm mich gefangen, sie, selbst Objekt fremder Zwecke, besetzte mich. Später würde ich danach fragen, wann, wo und von wem die nötigen Übereinkünfte getroffen waren: Der Zauber wirkte sofort. Ihr glaubte ich jedes Wort, das gab es noch, bedingungsloses Vertrauen. Dreitausend Jahre – weggeschmolzen.« So schildert Christa Wolf in der ersten Poetik-Vorlesung ihre Begegnung mit ihrer neuen Protagonistin. Das archaische Szenarium: Agamemnon, der König der Achäer, kehrt auf dem Siegeswagen in seine Burg Mykene zurück. Der trojanische Krieg ist beendet, Troja zerstört, die Tochter des Troerkönigs, Kassandra, sitzt neben dem griechischen Sieger, der von Klytaimnestra, seiner Frau, die ihn ermorden lassen wird, erwartet wird und noch nichts ahnt von dem »Fluch, der auf dem Hause der Atriden liegt«, im Unterschied zu der gefangenen Seherin aus Troja, die dieses Schicksal »sofort gerochen« hat.

Wer einmal in einer von den Touristenbussen nicht heimgesuchten Stunde vor dem Löwentor von Mykene stand und die Magie dieses Ortes verspürt hat, den Goldmaskenglanz griechischer Könige und das blutgeschwängerte Klima herrscherlicher Hybris, das archetypisch bis in die Gegenwart kaum eine Veränderung erfuhr, der wird die ersten Sätze in Christa Wolfs *Kassandra* wie ein telepathisches Eintauchen in die Zeit vor dreitausend Jahren empfinden, um sie dennoch nicht nur der Historie und dem Mythos, sondern auch unserer Gegenwart zuzurechnen. Doch es bedarf dieses Griechenlanderlebnisses nicht. Die Autorin beschwört es allein durch die Wucht ihrer lapidaren Sprache herauf: »Hier war es. Da stand sie. Diese steinernen Löwen, jetzt kopflos, haben sie angeblickt. Diese Festung, einst uneinnehmbar, ein Steinhaufen jetzt, war das letzte, was sie sah. Ein lange vergessener Feind und die Jahrhunderte, Sonne, Regen, Wind haben sie geschleift. Unverändert der Himmel, ein tiefblauer Block, hoch, weit. Nah die zyklopisch gefügten Mauern, heute wie gestern, die dem Weg die Richtung geben: zum Tor hin, unter dem kein Blut hervorquillt. Ins Finstere. Ins Schlachthaus. Und allein. Mit der Erzählung geh' ich in den Tod.« Doppeldeutig ist dieses »ich«. Es gehört der Erzählerin und Kassandra. Beide sind ineinander verwoben wie Geschichte und Gegenwart.

Kassandra wird in dieser Erzählung in ihrem zeitlosen Wesen als das immer wiederkehrende Opfer im tragischen Verlauf der Geschichte dargestellt. Von Sokrates über Jesus und weiter zu allen im Widerstand gegen caesarischen Größenwahn und herrscherliche Machtblindheit Getöteten, von den in den Hexenprozessen Verbrannten bis zu den im Faschismus Ermordeten, von Seneca über Thomas Morus bis zu den Hingeopferten der »Weißen Rose« und all den unzähligen Namenlosen, die ihr Leben gegen die Unmenschlichkeit lassen mußten, reißt diese Kette durch die Jahrhunderte nicht ab.

Kassandra aber ist das typische Opfer in weiblicher Gestalt. Das ist wichtig. Denn was die europäische Geschichte an Bluttributen und Humanitätsverlusten von der Zeit der antiken Seherin aus Troja bis zur gegenwärtigen Welt der Metatechnik und ihrer kybernetischen Gottähnlichkeit eingefordert hat, wird als Folge eines vorwiegend männlich bestimmten Eroberungs- und Herrschaftstriebes gedeutet.
Dabei erliegt Christa Wolf nicht dem Trugschluß, Frauen wären von Natur aus nur friedfertige und zu keinerlei Grausamkeiten fähige Wesen. In einem im November 1984 in Magdeburg vor einer ärztlichen Arbeitsgruppe gehaltenen Vortrag greift sie bei ihren *Fragen an die psychosomatische Medizin* sogar selbst bis auf jene »wilden Frauen« der dionysischen Feste und »ihre ekstatischen, orgiastischen Rituale« zurück, »auf deren Höhepunkt ein Mann gejagt, zerrissen, verschlungen werden konnte (wie Euripides es in den Backchen beschreibt)«. Diese ungezügelten Affekte werden jedoch als »Reflex eines langwierigen, wahrscheinlich sehr gewalttätigen Geschichtsprozesses« interpretiert, »in dessen Verlauf die Frauen besiegt und das Patriarchat installiert wurden«. Als Beleg für diese Entwicklung beruft sie sich auf Friedrich Engels, aus dessen *Ursprung der Familie, des Privateigentums und des Staates* sie zitiert: »Der Umsturz des Mutterrechts war die weltgeschichtliche Niederlage des weiblichen Geschlechts. Der Mann ergriff das Steuer auch im Hause, die Frau wurde entwürdigt, geknechtet, Sklavin seiner Lust und bloßes Werkzeug der Kindererzeugung.«
Über diese These mag man streiten. Johann Jakob Bachofen etwa stellt ihr eine entgegengesetzte gegenüber. Er feiert gerade im Patriarchat die Befreiung von den Trieben und Zwängen der chthonischen Urmutterreligion. Eines aber ist nicht zu leugnen: Mit der immer einseitigeren Ausgestaltung des Patriarchats beginnt eine immer stärkere Unterdrückung und Ausgrenzung der Frau, die im Zeichen eines sinnenfeindlichen Christentums bis in unsere Tage hinein festzustellen ist.
Es war die Rede von Kassandra. Sind wir vom Thema abgewichen? Wohl kaum. Christa Wolfs Engagement für die Frau-

enbewegung ist so stark, daß gerade diese Erzählung nur auszuschöpfen ist, wenn solche Hintergründe klar geworden sind.
In Kassandra ist für die Autorin, so erklärt sie deren Gestalt in den Poetik-Vorlesungen selbst, »eine der ersten Frauengestalten überliefert, deren Schicksal vorformt, was dann, dreitausend Jahre lang, den Frauen geschehen soll: daß sie zum Objekt gemacht werden«. Kassandra steht gegen das »hierarchisch-männliche Realitätsprinzip«. Dadurch wird ihr Schicksal zeitlos, greift es über die Jahrtausende hinüber bis in unsere Zeit männlich-prometheischer Machtentfaltung. So werden die griechischen Helden, wird vor allem der größte ihrer Sagenheroen, Achill, einer radikalen Entmythologisierung unterworfen und auf das wahre Maß zurechtgestutzt. Kassandra, die wie ihre Autorin »Zeugin« der Zeit bleiben möchte und nach Wahrheit und Selbsterkenntnis strebt, reißt jahrtausendealte Masken ab. So wird Achill stets nur als »das Vieh« bezeichnet, als »ein geiles Vieh«, das die tote Penthesilea schändete, als »das Vieh«, das seine Feinde zu Tode schleifen läßt.
Alle idealisierten Marmortempel überlieferter Scheinwirklichkeiten reißt diese Erzählung radikal nieder. Sie beschwört eine archaische Welt, in der zum Beispiel auch ein Agamemnon, »der große und berühmte Flottenführer der Griechen, ein Schwächling ohne Selbstbewußtsein« ist, ein erfolgsgieriger Unmensch, der »seine eigene Tochter, ein junges Mädchen namens Iphigenie, vor der Überfahrt seiner Flotte auf dem Opferaltar der Göttin Artemis schlachten ließ.«
Und immer wieder der unausgesprochene, doch gerade dadurch nicht minder wirksame Zeitbezug, das Leiden daran, daß auch unsere Zivilisation nur durch eine hauchdünne Kulturschicht von den Greueln der archaischen Welt getrennt ist, die immer wieder durchbrochen werden kann. Achill ist auch in uns. Kassandra sagt es für ihr Volk: »Wenn wir geglaubt hatten, der Schrecken könne sich nicht mehr steigern, so mußten wir jetzt einsehn, daß es für die Greuel, die Menschen einander antun, keine Grenzen gibt; daß wir imstande sind, die Eingeweide des andern zu durchwühlen, seine Hirn-

schale zu knacken, auf der Suche nach dem Gipfelpunkt der Pein. ›Wir‹ sag ich, und von allen Wir, zu denen ich gelangte, bleibt dies dasjenige, das mich am meisten anficht. ›Achill das Vieh‹ sagt sich um so vieles leichter als dies Wir.«
Was Kassandra im historisch-mythologischen Gewand über die Griechen sagt und als Gegenwelt zu ihnen fordert, hat Gültigkeit auch für unsere Zeit: »Für die Griechen gilt nur entweder Wahrheit oder Lüge, richtig oder falsch, Sieg oder Niederlage, Freund oder Feind, Leben oder Tod. Sie denken anders. Was nicht sichtbar, riechbar, hörbar, tastbar ist, ist nicht vorhanden. Es ist das andere, das sie zwischen ihren scharfen Unterscheidungen zerquetschen, das Dritte, das es nach ihrer Meinung überhaupt nicht gibt, das lächelnd Lebendige, das imstande ist, sich immer wieder aus sich selbst hervorzubringen, das Ungetrennte, Geist im Leben, Leben im Geist. Anchises meinte einmal, wichtiger als die Erfindung des verdammten Eisens hätte die Gabe der Einfühlung für sie sein können.«
Seiten wären allein mit der Darstellung der Spiegelbildlichkeit der erdichteten Kassandra-Welt mit unserer Gegenwart zu füllen. Die antike Seherin lebt wie wir in einem »Zeitenloch«; *sie* an der Nahtstelle zwischen Matriarchat und Patriarchat, *wir* am Schnittpunkt eines labilen Friedens, den Christa Wolf einmal »Vorkrieg« nennt, und des Krieges.
»Wer wird, und wann, die Sprache wiederfinden«, fragt Kassandra und antwortet: »Einer, dem ein Schmerz den Schädel spaltet, wird es sein. Und bis dahin, bis zu ihm hin, nur das Gebrüll und der Befehl und das Gewinsel und das Jawohl der Gehorchenden.«
Das sind mutige Worte und besonders einer Autorin in der damaligen DDR. Sie gelten nicht weniger für die westliche Welt und kommen aus Christa Wolfs vehementer Gegnerschaft zu der absurden These vom Gleichgewicht der Abschreckung, die auch die Welt der Kassandra prägte. Sie ist das »sehende« Opfer, das nicht nur seine Umwelt, sondern auch sich selbst durchschaut. »Mir schien«, heißt es über sie in der ersten Poetik-Vorlesung in bezug auf die *Orestie* des Aischylos, »daß sie als einzige in diesem Stück sich selber

kannte«. Eine tragische Variante zur »Lust, erkannt zu werden« durch ein Du. Kassandras Selbsterkenntnis aber ist untrennbar verbunden mit der Erkenntnis der Blindheit ihrer Zeitgenossen: »Aber wo lebten wir denn. Ich muß mich scharf erinnern: Sprach in Troja irgendein Mensch von Krieg? Nein. Er wäre bestraft worden. In aller Unschuld und besten Gewissens bereiteten wir ihn vor. Sein erstes Zeichen: Wir richteten uns nach dem Feind. Wozu brauchten wir den?«

Kassandra vollzieht im »Übertritt aus der Palastwelt in die Welt der Berge und Wälder« – in die geheimen Bezirke der Frauen, die in den Idabergen, den »Höhlen am Skamander«, Troerinnen und Griechinnen, Alte und Verwundete beider Lager vereint, im uralten Mutterkult der Kybele sich friedlich zusammenfinden – den »Übergang von der Tragödie in die Burleske, deren Kern es ist, daß man sich selbst nicht tragisch nimmt«. Sie weiß: »Die Männer, schwach, zu Siegern hochgeputscht, brauchen, um sich überhaupt noch zu empfinden, uns als Opfer. Was soll da werden.« Als Priesterin vertritt sie gegenüber dem Unterwerfungstrieb ihrer Schwester Polyxena und dem gegen alle Männer gerichteten Vernichtungswillen Penthesileas ein Drittes: die Menschlichkeit. Alle drei Frauen aber werden zu Opfern der Männer.

In den Poetik-Vorlesungen fragt Christa Wolf: »Inwieweit gibt es wirklich ›weibliches Schreiben‹? Insoweit Frauen aus historischen und biologischen Gründen eine andere Wirklichkeit erleben als Männer, und dies ausdrücken ... insoweit sie aufhören, sich an dem Versuch abzuarbeiten, sich in die herrschenden Wahnsysteme zu integrieren. Insoweit sie, schreibend und lesend, auf Autonomie aus sind.«

Daß die Autorin in der Frauenzeitschrift *Emma*, wenn auch nicht ganz unkritisch, als »Unsere Christa« apostrophiert wird, nimmt nicht wunder. Doch vergessen wir nicht: Kassandra ist nicht Penthesilea. Ihr geht es nicht um die Vernichtung der Männer. Ihre Sehnsucht ist eher derjenigen der Wissenschaftlerin im *Selbstversuch* verwandt, die am Ende zur »Erfindung dessen, den man lieben kann«, gelangt. Und beachten wir: die ganze *Kassandra*-Erzählung ist auch ein durchgehender innerer Monolog, adressiert an den Geliebten Aeneas.

In der dritten ihrer Frankfurter Poetik-Vorlesungen, die ja aufs engste mit der *Kassandra*-Erzählung verbunden sind, sagt Christa Wolf: »Bedenken wir, auch heute: wie die Kritik an der Einseitigkeit des männlichen Rationalismus Gefahr läuft, als Irrationalismus, Wissenschaftsfeindlichkeit mißverstanden, auch mißbraucht zu werden; und dies besonders in restaurativen Epochen.« Und in Parenthese fügt sie hinzu: »der Weg zu den ›Müttern‹ als Rück-Fall in Ressentiment, als Fluchtweg vor einer Analyse der Verhältnisse, als Idealisierung primitiverer Gesellschaftszustände, womöglich als Vorbereitung von Blut- und Boden-Mythos ...« In der gleichen Vorlesung, als Tagebucheintrag unter dem 7. Mai 1981, notiert sie: »Woraus speist sich mein Unbehagen bei der Lektüre so mancher Veröffentlichung – auch aus dem Bereich der Archäologie, Frühgeschichtsschreibung –, die sich selbst unter das Prädikt ›Frauenliteratur‹ begibt? Nicht nur aus meiner Erfahrung, in welche Sackgasse sektiererisches, andere als die von der eigenen Gruppe sanktionierten Gesichtspunkte ausschließendes Denken immer führt; vor allem empfinde ich einen wahren Horror vor jener Rationalismuskritik, die selbst in hemmungslosem Irrationalismus endet.« Schließlich, bei steter Wahrung der Autonomie der Frauen gegenüber der männlichen Ausbeutungstendenz, noch der Hinweis in der in Briefform gehaltenen vierten Vorlesung: »›Zurück zur Natur‹ also, oder, was manchen für das gleiche gilt, zu frühen Menschheitszuständen? Liebe A., das können wir nicht wollen. ›Erkenne dich selbst‹, der Spruch des delphischen Orakels, mit dem wir uns identifizieren, ist eine Losung Apolls; keiner Göttin einer undifferenzierten Epoche hätte dieser Satz einfallen können ...«

Zurück zu *Kassandra:* In ihr hat Christa Wolf eine Gestalt zu neuem Leben erweckt, in der nicht weniger als eine jahrtausendealte Tradition abendländischer Kultur- und Geistesgeschichte integriert und auf ihre Fragwürdigkeit hin untersucht worden ist. In Kassandra, dieser erschütternden Gestalt, begegnen sich die Zeiten, nicht zuletzt aber auch wir uns selbst in unserem Ausgesetztsein in einem entgöttlichten Universum, einem fatalen leeren Raum: »Hier ende ich, ohnmächtig, und nichts, nichts was ich hätte tun oder lassen, wollen oder denken können, hätte mich an ein anderes Ziel geführt. Tiefer als von jeder anderen Regung, tiefer selbst als von meiner Angst, bin ich durchtränkt, geätzt, vergiftet von der Gleichgültigkeit der Außerirdischen gegenüber uns Irdischen.«

Nur schwach wird dieser leere Raum, das dunkle »Zeitenloch«, vom Licht der Utopie erhellt, von der Hoffnung auf »das lächelnde Lebendige«, in dem die feindlichen Gegensätze aufgehoben sind. Es ist die »sehende« Frau, und über ihren Schmerz und ihre Geschlechtlichkeit und ihre Zeit hinaus der »Mensch«, wir selbst, von denen berichtet wird.

»Hier ist es. Diese steinernen Löwen haben sie angeblickt. Im Wechsel des Lichts scheinen sie sich zu rühren.«

Gang zu den Müttern

Die Erzählung *Kassandra* wurde zu einem Welterfolg. Alexander Stephan nennt in seiner Biographie die Zahl von 200 000 verkauften Exemplaren allein im westdeutschen Luchterhand-Verlag innerhalb eines Zeitraums von nur knapp mehr als einem Jahr nach Erscheinen des Buches. Hinzu kommen 130 000 Exemplare der Frankfurter Poetik-Vorlesungen *Voraussetzung einer Erzählung: Kassandra,* die im gleichen Zeitraum gedruckt wurden und als Einheit des Kassandra-Komplexes zu sehen sind. In drei westdeutschen Sendern wurde eine Hörspielfassung nach Vorarbeiten Gerhard Wolfs produziert, und mehrere Bühnen versuchten sich an einer Dramatisierung der eng mit der Erzählung zusammenhängenden Vorlesungstexte, in denen die Autorin selbst »nur die Spitze eines Eisberges« sieht, »das, was sich herauskristallisiert hat, Bruchstücke dessen, was dieser Stoff in mir bewegt hat«. Das zu bewältigende *Kassandra*-Material ist noch umfangreicher als dasjenige von *Kindheitsmuster* gewesen.

Preisverleihungen und Ehrungen häufen sich nun für Christa Wolf. 1983 erhält sie den Schiller-Gedächtnispreis des Landes Baden-Württemberg und die Ehrendoktorwürde der Ohio State University, USA, von der die Autorin auch als Gastprofessorin zu Vorlesungen eingeladen wird. 1984 zeichnet die Stadt Graz sie mit den Franz-Nabl-Preis aus, und sie wird in die Europäische Akademie der Künste, Paris, als Mitglied aufgenommen. 1985 folgen die Ehrenmitgliedschaft in der Modern Language Association of America und das Ehrendoktorat der Universität Hamburg, und sie bekommt den Österreichischen Staatspreis für Europäische Literatur zugesprochen. 1986 wird sie Mitglied der Freien Akademie der Künste in Hamburg. Zahlreiche Lesereisen in dieser Zeit führen Christa Wolf in die USA (New York, Los Angeles, San Francisco) und in die Bundesrepublik (1983), nach Öster-

reich und Italien (1984), nach Frankreich (1985) und nach Griechenland und Spanien (1986).
Am wichtigsten für die Autorin aber waren bereits 1982 die Vorlesungen, zu denen die Universität Frankfurt am Main sie aufgefordert hatte. Sie waren, wie sie in einem Gespräch mit Jacqueline Grenz im Herbst 1983 sagte, der »direkte Anlaß zum Schreiben der ›Voraussetzungen einer Erzählung‹« und boten ihr, die bereits am *Kassandra*-Stoff arbeitete, die Möglichkeit, sich selbst »die Entstehung dieser Erzählung bewußt zu halten, etwas genauer, als ich es sonst getan hätte, auf den Prozeß dieser Entstehung zu achten ...«
In einem weiteren Gespräch im November 1983 mit Brigitte Zimmermann und Ursula Frölich antwortete sie auf die Frage, ob »der Einfluß, den Kassandra« auf die Friedenskräfte »beispielsweise in der BRD« habe, die der Erzählung »Losungen entnahmen«, nicht »ein ganz wichtiger Punkt« sei: »Das sehe ich schon, und ich weiß auch, daß immer dann in der Geschichte, wenn Volksbewegungen sich vorbereiten oder im Gange sind, Literatur eine Chance hat, direkt zu wirken. Zum Beispiel so, daß westdeutsche junge Leser mir schrieben, nach der Lektüre von ›Kassandra‹ würden sie sich nun auch der Friedensbewegung anschließen. Aber meistens wirkt Literatur auf eine indirekte Art, indem sie das Weltbild des Lesers, seine Weltsicht, langsam differenziert und womöglich verändert. So habe ich es ja auch an mir selbst erlebt: Wie lange brauchten Bücher, viele Bücher, um eine in die Tiefe gehende Veränderung meiner Weltsicht herbeizuführen.«
Viele Bücher waren es auch, die Christa Wolf in dem Jahr vor den Poetik-Vorlesungen, 1981, im Zusammenhang mit dem Kassandra-Thema gelesen hat. In der vierten Poetik-Vorlesung zählt sie die – wie sie es selbst nennt – »merkwürdige Mischung« ihrer Lektüre auf und nennt dabei Titel wie: *Am Anfang war die Frau* (Elisabeth Gould Davis), *Mütter und Amazonen* (Sir Galahad), *Das Patriarchat* (Ernest Bornemann), *Amazonen – Kriegerinnen und Kraftfrauen* (Pierre Samuel), *Frauen – das verrückte Geschlecht* (Phyllis Chesler), *Frauen in der Kunst* (Nabakowski u.a.), *Männerphantasien*

(Klaus Theweleit), *Weib und Macht* (Richard Vester), *Das Geschlecht, das nicht eins ist* (Luce Irigaray), *Das Geheimnis der Orakel* (Philip Vandenberg), *Utopische Vergangenheit* (Nikolaus Himmelmann), *Das Mutterrecht* (J.J. Bachofen), *Die wilden Früchte der Frau* (Claude Meillassoux), *Die weiße Göttin* (Robert von Ranke-Graves), *Die imaginierte Weiblichkeit* (Silvia Bovenschen), *Weiblichkeit in der Schrift* (Hélène Cixous). Hinzu kommen noch »die archäologischen, frühgeschichtlichen, klassischen Autoren«, und wohl auch das Buch über die matriarchalen Religionen in Mythos, Märchen und Dichtung von Heide Göttner-Abendroth, *Die Göttin und ihr Heros,* sowie das klassische Werk des C.G. Jung-Schülers Erich Neumann: *Die Große Mutter.* Eine recht buntscheckige Palette von nicht nur seriöser Literatur. Aber sie spiegelt einen Trend der Zeit.

Den Trend der Zeit griff Christa Wolf zwar auf, durchleuchtete ihn aber kritisch, um aus der Fülle der Literatur das herauszukritallisieren, was ihr als zeitlos Gültiges und Gemeinsames erschien und ihrer Kassandra-Vision sowohl standhielt als stoffliche Bereicherung brachte. Dabei wachsen ihr neue Entdeckungen und Erkenntnisse zu, so etwa die, »daß im Grunde, von Grund her alles mit allem zusammenhängt« – eine magische Weltsicht in jenem Sinn der Moderne, wie wir sie im vierten Kapitel dieser Biographie bereits andeuteten. Nun aber stößt Christa Wolf bei ihrer Lektüre, die weit mehr als die genannten Titel und Themen umfaßt, in noch größere Tiefen, man könnte auch sagen, höhere Höhen, vor, analog dem Goethe-Wort: »Versinke denn! Ich könnt' auch sagen: steige! 's ist einerlei ...« So heißt es im *Faust*, als dieser sich mit dem Schlüssel der Magie dem geheimnisvollen Reich der »Mütter« nähert. Es sind jene Mütter, von denen auch gesagt wird: »Um sie kein Ort, noch weniger eine Zeit ...«

Und genau dieses magische Welterleben jenseits von Dualismus, Sonderung und Selbstentfremdung wird Christa Wolf mit Beginn der achtziger Jahre zuteil. Seit sie sich auf jene Bereiche einließ, in die der Name Kassandra sie führte, geschah Merkwürdiges. Sie äußerte sich in ihrer vierten Poetik-Vorlesung dazu selbst: »... bisher Getrenntes hat sich hinter meinem Rücken zusammengeschlossen, in vorher dunkle, unbewußte Räume fällt ein wenig Licht, darunter, davor (Orts- und Zeitbestimmungen fließen zusammen) sind, im Dämmer, weitere Räume zu ahnen, die Zeit, die uns bewußt ist, nur ein hauchschmaler heller Streif auf einem ungeheuren, größtenteils finsteren Körper. Mit der Erweiterung des Blick-Winkels, der Neueinstellung der Tiefenschärfe hat mein Seh-Raster, durch den ich unsere Zeit, uns alle, dich, mich selber wahrnehme, sich entschieden verändert, vergleichbar jener frühen entschiedenen Veränderung, die mein Denken, meine Sicht und mein Selbst-Gefühl und Selbst-Anspruch vor mehr als dreißig Jahren durch die erste befreiende und erhellende Bekanntschaft mit der marxistischen Theorie und Sehweise erfuhren.«

Welch weiter Weg von den frühen Erzählungen in der Tradition des sozialistischen Realismus bis hin zu diesem neuen »Seh-Raster«! Die Dimension der Wirklichkeit ist durch ihn erst zu jenem Realitätserlebnis erweitert worden, das in »subjektiver Authentizität« nun auch das Raum-Zeit-Kontinuum umfaßt, zu einer Weltsicht jenseits aller gesellschaftspolitischen Eingrenzungen. *»Dieser lange, nicht enden wollende Weg zu sich selbst«*, den die Autorin vor mehr als einem Jahrzehnt als Bürgschaft für »die geheime Existenz« des noch unvollendet gebliebenen Werkes der Christa T. beschrieb, ist nun vollends in jenen Bereich vorgestoßen, in dem sie ganz ohne Vorbehalte »›ich‹ zu sagen« vermag. Dieses »Ich« aber hat sich jetzt zu einem »Selbst-Gefühl« erweitert, das Raum bietet für die Aufnahme einer ganzen Welt. Unter dem neuen »Blick-Winkel«, der alle vorausgegangenen Bewußtseinsstufen integriert, erscheint auch die Natur in neuem Licht. Sie wird mit intensiveren Farben und größerer Zuneigung beschrieben.

Liebevoll schildert Christa Wolf in der vierten Poetik-Vorlesung ihr Mecklenburger Domizil, das einfache Bauernhaus, in das sie sich gegen Ende des Winters gerne von Berlin aus zu ungestörter Lektüre zurückzieht: den rustikalen Arbeitsraum, »in dem es nach Holz riecht«, oder das wie ein »Ochsenauge« gerundete Fenster, das nicht nur den Blick auf Stallwand und Misthaufen der Nachbarn freigibt, sondern auch auf »die selbstgesteckten Weiden am Teichufer«, auf die zwei ineinandergeflochtenen Eichen, »kahl und vielversprechend, und auf die Dorfhäuser«. In die inniger gewordene Naturverbundenheit aber mischen sich im Wechselspiel von innen und außen auch elegische Klänge. So erwähnt sie ihren Schreibtisch, der auf dem Podest vor einem anderen Ochsenaugenfenster steht, von dem aus »ich jenen Ausblick habe, den ich in der Stunde meines Todes vor Augen sehen möchte: die große Wiese, noch fahl, mitten darauf der mächtige Kirschbaum, vorfrühlingshaft, durchsichtig, umgeben von kleineren Apfelbäumen, Brombeergesträuch ...«

Stets aber sind diese Gedanken mit dem Zauber verbunden, den Bild und Schicksal der Kassandra auf sie ausüben. Mitten in den Überlegungen zum Wesen der mythischen Seherin und deren »sozialen und historischen Koordinaten« meldet sich, wiederum in Verbindung mit der mecklenburgischen Landschaft, schon in der dritten Vorlesung das gleiche Todesmotiv: »Das Bild, das ich in dieser Minute aus meinem Dachfenster sehe, möchte ich in der Minute meines Todes sehn: Der Himmel, der die Landschaft beherrscht, blau grundiert. Kumuluswolken. Wolkenstreifen darüber, in einer anderen Höhenschicht. Der tiefe Horizont, unterbrochen von Baumwipfeln, die nicht mehr grafisch wirken durch kahles Geäst, sondern ›malerisch‹: rund, hellgrün.« Dann folgt ein Loblied auf die »unendlich vielen Nuancen von Grün«, auf den Kirschbaum, der »trotz der bitteren Kälte der letzten Wochen« über und über blüht und auf das unbeschreiblich »sanfte, heitere Licht«. Während des Mittagsschlafs dann jedoch, in ihn einbrechend, »wieder der Lärm vorbeifahrender Panzer auf der Straße nach M.« Anschließend: »Gleich gehe ich, die letzten Blumensamen dieses Jahres in die Erde bringen.«

Erweiterung des »Seh-Rasters«, noch gesteigerte Sensibilisierung auch hinsichtlich des Naturerlebens, bedeutet aber keineswegs ein Sich-Fallenlassen in weltabgewandte magischmystische Kontemplation. Die neue Tiefenschärfe führt nicht zu einer »vita passiva«. Sie wird vielmehr mit einbezogen in den aktiven Lebensbereich. Es gehört mit zur Besonderheit dieser Schriftstellerin, daß ihre ostdeutsch geprägte Innerlichkeit, auch wo diese in dunkle Bezirke und zuweilen bis an die Grenze der Verlorenheit und der Verzweiflung führt, zugleich Kräfte der Lebensbejahung und der Hoffnung freizusetzen vermag. Sie verhindern, jenen letzten Funken Utopie auszulöschen, der nötig ist, auch in einer Kassandra-Welt noch einen Sinn im Einbringen von Blumensamen sehen zu können. Selbst nach Tschernobyl, im späteren *Störfall*, bleibt dieser Mut, wenn auch unter Aufbietung aller seelischen Reserven, erhalten.

In den *Kassandra*-Komplex fallen während des Mecklenburger Landaufenthaltes, aber auch schon zuvor, nicht nur die Ergebnisse einer umfangreichen Lektüre zum Thema Frauenemanzipation wie in einen Brennspiegel ein, sondern, neben kulturgeschichtlichen Studien, die Gesamtthematik vertiefend, auch die Ausstrahlungen großer Dichtung aus Moderne und Klassik: Ingeborg Bachmann und Goethe.

So enthält die vierte Poetik-Vorlesung gleich zu Beginn eine subtile Interpretation des Bachmann-Gedichtes *Erklär mir, Liebe.* Ingeborg Bachmann, für Christa Wolf kaum weniger wichtig als Anna Seghers, wird nun an neuen Maßstäben gemessen: denen der jetzt ins Blickfeld tretenden magisch-mythischen Welt. Unter den weiten Himmeln des östlichen Landes erfaßt die Autorin das Gedicht *Erklär mir, Liebe* erstmals in seiner ganzen Tiefe, wobei sie es »als Beispiel von genauester Unbestimmtheit, klarster Vieldeutigkeit« sieht. Erweiterte Denkkategorien lassen dieses Sprachkunstwerk nun weit über herkömmliche, linear-logische Deutungen hinaus, in neuem Licht erscheinen: »So und nicht anders, sagt es, und zugleich – was logisch nicht zu denken ist –: So. Anders. Du bist ich, ich bin er, es ist nicht zu erklären. Grammatik der vielfachen gleichzeitigen Bezüge.«

Diese Grammatik führt Christa Wolf nun wie an einem Ariadnefaden bis in die labyrinthischen Tiefen jener Bereiche, in denen das Geheimnis des Lebens selber in seiner ganzen, ebenso schrecklichen wie besänftigenden Fülle ruht. Es ist der »Gang zu den Müttern«, wie Goethe ihn im zweiten Teil des *Faust* beschwor. Und mit der Deutung des esoterischen Gehalts dieser Dichtung fährt die Autorin nach der Bachmann-Passage fort. Hinter den Göttinnen Artemis, Aphrodite, Athene und Hera – in einem späteren »patriarchisch strukturierten Pantheon« wurden sie zu von Zeus abhängigen Figuren umfunktioniert –, sieht sie deren »lange, nur matriarchalisch deutbare Vorgeschichte«, die sie mit dem »abstrus scheinenden Hexeneinmaleins« von Goethe, in dem aber jene weiblich bestimmte magische Welt des Ungeteilten »noch durchschimmert«, in Verbindung bringt:

»Du mußt verstehn!
Aus Eins mach Zehn,
Und zwei laß gehn,
Und drei mach gleich,
So bist du reich ...«

Sie hat entdeckt, daß Goethe, auch wenn für ihn, wie für alle seine Zeitgenossen, Geschichte erst willkürlich im patriarchalischen Zeitalter beginnt, »im Jahr der ersten Olympiade, 776 vor unserer Zeitrechnung«, Entscheidendes zu sagen hat: »Goethe wußte von der Dreigestaltigkeit der alten Muttergöttinnen (der ersten Dreifaltigkeit überhaupt, von der alle späteren abgeleitet sind), in der ›drei‹ ›gleich‹ war, indem die eine Göttin, entsprechend der Dreistöckigkeit der Welt, in drei Erscheinungen auftrat ...«

In klarer Zusammenfassung, die soliden Kenntnisse der Literaturwissenschaftlerin mit denen der neu gewonnenen, frauenemanzipatorisch akzentuierten Kulturhistorikerin verbindend, läßt sie den Leser an ihren Denkprozessen teilhaben – und an ihrem Fund. Zu ihm gehört die Welt der Erdmutter Kretas und des Vorderen Orients ebenso wie der damit verbundene Wiedergeburtsmythos, die Walpurgisnacht und Fausts Verlangen nach der schönen Helena nicht weniger als der ganze frühe Göttinnenhimmel mit Diana, Hekate oder Luna, und es gehört dazu auch das wiedergewonnene Wissen um die uralten Symbolfarben Rot, Weiß und Schwarz, die einst für die drei Phasen des Mondes und den ewigen

Rhythmus von Werden, Sein und Vergehen standen. Ein ganzes Universum matriarchaler Lebens- und Weltbezüge öffnet sich da. Ihre Ausgrenzung hat zur Unmenschlichkeit unserer einseitig patriarchalisch bestimmten Effektivitäts-Zivilisation mit beigetragen. In den Poetik-Vorlesungen zum Kassandra-Thema wird, neben der antiken Seherin selbst, nicht nur die Dreigestaltigkeit der alten Muttergöttinnen neu ins Bewußtsein gehoben, die lange vergessene und verdrängte Kulturschicht, deren Gravuren immer wieder das Bild der Magna Mater zeigen, der Demeter, die, zugleich auch Kore und Persephone, sich im geheimnisvollen Weben der Natur als die »Große Mutter« offenbart, als junge Frühlingsgöttin und Königin der Unterwelt, weshalb sie an Kultstätten wie Delphi oder Dodona auch als »Die Drei« und stets im Plural als »Die Mütter« verehrt wurde – in den *Kassandra*-Texten beinhaltet der »Gang zu den ›Müttern‹« auch alle ihm zugehörigen unheimlichen, schreckhaften Elemente. In der vierten Poetik-Vorlesung räumt Christa Wolf ihnen verhältnismäßig breiten Raum ein, indem sie Fausts Gespräch mit Mephisto kommentierend wiedergibt. Hier das betreffende längere Zitat:

»Mephisto: Ungern entdeck ich höheres Geheimnis. –
Göttinnen thronen hehr in Einsamkeit,
Um sie kein Ort, noch weniger eine Zeit;
Von ihnen sprechen ist Verlegenheit.
Die *Mütter* sind es!
Faust: *(aufgeschreckt):* Mütter!
Mephisto: Schaudert's dich?
Faust: Die Mütter! Mütter! – 's klingt so wunderlich!
Mephisto: Das ist es auch. Göttinnen, ungekannt
Euch Sterblichen, von uns nicht gern genannt.
Nach ihrer Wohnung magst ins Tiefste schürfen;
Du selbst bist schuld, daß ihrer wir bedürfen.

Nach einem Versuch, die unbeschreibliche Leere zu beschreiben, das Nichts, durch das Faust hindurch muß (in dem er ›das All zu finden‹ hofft), wird ihm ein Schlüssel ausgehändigt: Folg ihm hinab! er führt dich zu den Müttern!

Faust: *(schaudernd):*

Den Müttern! Trifft's mich immer wie ein Schlag!
Was ist das Wort, das ich nicht hören mag?

Mephisto ist dazu da, dies Erschauern zu banalisieren – ein Erschauern, das Goethe nach eigenem Eingeständnis an dieser Stelle und bei diesem Wort empfunden hat und zu dem Faust sich bekennt:

Doch im Erstarren such ich nicht mein Heil,
Das Schaudern ist der Menschheit bestes Teil;
Wie auch die Welt ihm das Gefühl verteure,
Ergriffen, fühlt er tief das Ungeheure.

Nicht genug staunen kann man, daß ein zum Alltagswort längst herabgezwungenes wie dieses – Mütter! – immer noch nicht seine Strahlung abgegeben, daß es immer noch ein mythisches ›ungeheures‹ Element mit sich führt, ein rational kaum faßbares, denn man *weiß* zur Goethe-Zeit eigentlich nichts über seinen Hintergrund.«

Christa Wolfs eigener »Gang zu den Müttern«, zu dem dieses »ungeheure« Element seinem Wesen nach gehört, hat Tore zu einer neuen Denk- und Lebenserfahrung aufgestoßen, in denen sich im Bewußtsein der magischen Einheit der Gegensätze Archaisch-Mythisches als notwendiges Korrelat mit der Gegenwart verbindet. Bezeichnend für diese Autorin ist es, daß sie ihre Gedanken über Goethes »geheimes« Wissen um matriarchalische Lebens- und Glaubensformen nicht nur nach-denkt, sondern sie mit den brennenden Fragen unserer Zeit verbindet. Sie schließen nämlich direkt an die Erwähnung einer Diskussion »in einer Runde jüngerer Naturwissenschaftler« an, bei der es neben der Frage, »was heute ›Fortschritt‹ wäre«, auch um »die Geschichte der Frau im Abendland« ging. In diesem Kreis, erfahren wir, wurde Christa Wolfs »Vorschlag für unrealistisch erklärt, für die exakten Wissenschaften eine Art hippokratischen Eid einzuführen, der es jedem Wissenschaftler verbieten würde, an Forschungen mitzuwirken, die militärischen Zwecken dienen«.

Bei der heutigen weltweiten Verflechtung von Wissenschaft und Wirtschaft, Forschung und Rüstungsindustrie ein ebenso ehrenwerter wie utopischer Vorschlag, wenn er nicht von vornherein als bloße Provokation oder Beitrag zur geistigen Hygiene verstanden sein wollte.
Wir aber sollten uns fragen, ob nicht gerade dieses Denken, das den abenteuerlichen Gang zu jenen ambivalenten Bereichen unseres Daseins mit einschließt, für welche Mythos und Dichtung den Namen »Mütter« gebrauchen, für unsere Zeit notwendig sein könnte, schließt es doch auf profunde Weise Selbsterkenntnis mit ein.

Ins Herz der Finsternis

Seit der Explosion des Reaktorblocks 4 im sowjetischen Kernkraftwerk Tschernobyl am 26. April 1986, dem bisher schwersten »Unfall« des Atomzeitalters, bei dem fünf Tonnen radioaktiver Substanzen (drei bis vier Prozent der Kernmasse) in die Luft geschleudert und mit dem Wind über weite Teile Europas verteilt wurden, seit dieser Katastrophe, die unsere Umwelt folgenschwerer verseuchte als alle früheren »Pannen« in Kernkraftwerken sowie die laufend anfallenden Industriegifte, hat unsere Welt einen schicksalhaften Einschnitt erfahren: Es gibt nun die Zeit vor und nach Tschernobyl. Der ukrainische Ortsname ist zum Menetekel geworden. Daß dessen erste Schriftzüge in den russischen Himmel geschrieben wurden, ist ohne Bedeutung. Tschernobyl kann sich, auch wenn eine internationale Atomkraftlobby und ihr verbundene Wissenschaftler und Politiker es abstreiten, jederzeit und überall wiederholen. Dennoch ist es korrekt, wenn zum Beispiel *Aktuell '88 – Das Lexikon der Gegenwart* seine dieser Katastrophe gewidmete Seite mit der Überschrift versieht: »Tschernobyl. Ein Schock ohne nachhaltige Wirkung.« Wer verdrängt nicht gern? Wer würde nicht gerne vergessen?

Nicht so Christa Wolf. Auch wenn Tschernobyl den Verdrängungsstrategen in der DDR nicht ins Konzept paßte – und Zweckverharmloser gab es nicht nur dort –, legt sie bereits im März 1987 ihren literarischen Beitrag dazu vor: *Störfall. Nachrichten eines Tages.*

In diesem bald in Ost und West zum Bestseller gewordenen Prosawerk sind Erlebnisse privater Art, Telefonate mit einer Freundin und der älteren Tochter, Gedanken über Krieg und Frieden, Schreiben und Sprache, Atomwissenschaft und menschliches Vorzeiterbe mit der globalen Katastrophe verbunden. Und weil diese Katastrophe ihren Ursprung im menschlichen Gehirn hat, in den Erfindungen der Naturwis-

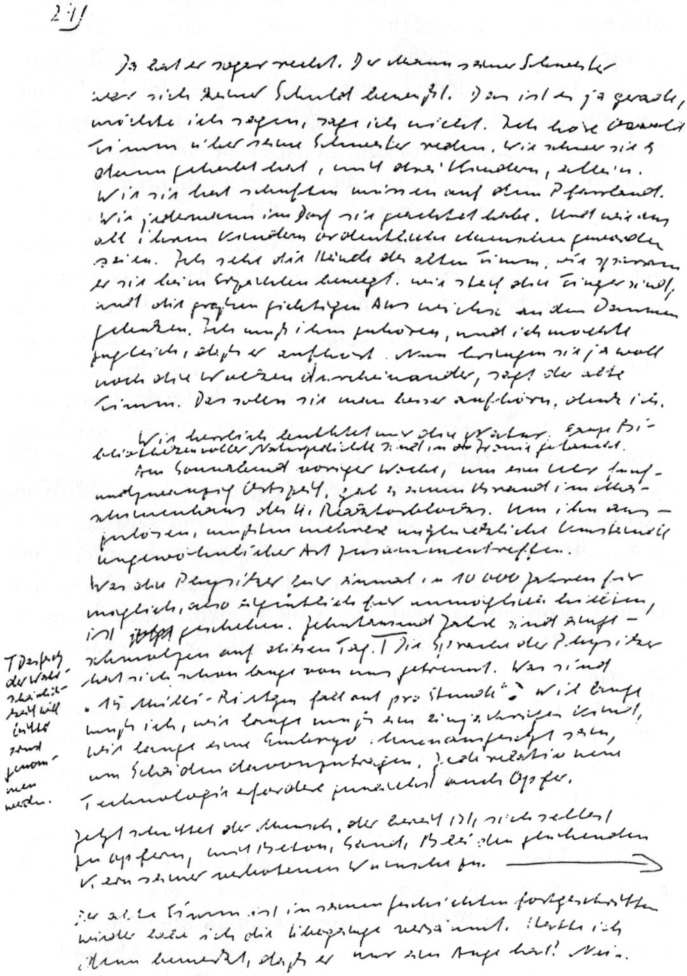
21

Da hat er sogar recht. Der Mann seiner Schwester war sich keiner Schuld bewußt. Das ist es ja gerade, möchte ich sagen, sage ich nicht. Ich höre den alten Timm über seine Schwester reden. Wie schwer sie es damals gehabt hat, mit drei Kindern, allein. Wie sie hat schuften müssen auf dem Pfarrland. Wie jedermann im Dorf sie geachtet habe. Und wie aus all ihren Kindern ordentliche Menschen geworden seien. Ich sehe die Hände des alten Timm, wie [illegible] er sie beim Erzählen bewegt. Wie steif die Finger sind, und die großen fleckigen Adern [illegible] an den Daumen [illegible]. Ich muß ihm zuhören, und ich möchte zugleich, daß er aufhört. Nun bringen sie ja wohl noch die Walzer durcheinander, sagt der alte Timm. Da sollen sie man besser aufhören, denk ich.

Wie herrlich leuchtet uns die Natur. Große Bildschirm voller Naturgedichte sind in der Praxis [illegible].

Am Sonnabend voriger Woche, um ein Uhr fünfundzwanzig Ortszeit, gab es einen Brand im Maschinenhaus des 4. Reaktorblocks. Um ihn auszulösen, mußten mehrere unglückliche Umstände ungewöhnlicher Art zusammentreffen.

Was die Physiker nur einmal in 10 000 Jahren für möglich, also eigentlich für unmöglich erklären, ist ~~jetzt~~ geschehen. Zehntausend Jahre sind zusammengeschmolzen auf diesen Tag. T Die Sprache der Physiker hat sich schon lange von uns getrennt. Was sind 15 Milli-Röntgen pro Stunde? Wie lange muß ich, wie lange muß ein einjähriges Kind, wie lange ein Embryo [illegible] ausgesetzt sein, um Schäden davonzutragen. Jede relativ neue Technologie erfordert zunächst auch Opfer.

T Der [illegible] der Wissenschaft will [illegible] genommen werden.

Jetzt schickt der Mensch, der bereit ist, sich selbst zu opfern, und Beton, Sand, Blei den fliehenden [illegible] seiner verbotenen Wünsche zu. →

Der alte Timm ist in seinen Geschichten fortgeschritten. Wieder habe ich die Übergänge versäumt. Hätte ich denn bemerkt, daß er nur ein Auge hat? Nein.

Die handschriftliche Textseite aus dem Manuskript »Störfall« stellte freundlicherweise Christa Wolf zur Verfügung.

senschaftler und Techniker, kann sie mit der Sorge der Ich-Erzählerin um ihren Bruder verknüpft werden, der sich am gleichen Tag einer gefährlichen Gehirnoperation unterziehen muß. Weltkugel und Hirnschale werden zum Gleichnis. In der Angst um den geliebten Bruder spiegeln sich Entsetzen, Ohnmacht und Trauer angesichts des furchtbaren Ereignisses, durch das ein neues Zeitalter menschlicher Gefährdung eingeleitet wurde. Die monologisch reflektierten Nachrichten eines Tages vermitteln den Schock von Tschernobyl auch in bezug auf die eigene Entwicklung der Autorin: »Wieder einmal, so ist es mir vorgekommen, hatte das Zeitalter sich ein Vorher und Nachher geschaffen. Ich könnte mein Leben beschreiben, ist mir eingefallen, als eine Folge solcher Einschnitte, als eine Folge von Eintrübungen durch immer dichtere Schatten. Oder, im Gegenteil, als fortlaufende Gewöhnung an härtere Beleuchtungen, schärfere Einsichten, größere Nüchternheit.«
Wenngleich die Sonne an jenem Tag, den Christa Wolf in Mecklenburg erlebt, »voll auf dem Haus« und »auf der Wiese zur Straße hin« gelegen hat und man sehen konnte, »dies würde einer der schönsten Tage des Jahres«, geschieht das Unheil. Von nun an wird man nicht mehr sagen können, überlegt die Autorin, das Grün sei »explodiert«, genausowenig wie: »Der strahlende Himmel. Das kann man nun auch nicht mehr denken.« Und nur noch ironisch ist Goethes »Wie herrlich leuchtet mir die Natur« zu zitieren. Jedoch, meint sie sarkastisch: »Vielleicht ist es nicht die dringlichste Frage, was wir mit den Bibliotheken voller Naturgedichte machen.« Dringlicher ist die Frage nach dem schwer lokalisierbaren »blinden Fleck« in unserer Kultur und in uns selbst. Sie führt mitten hinein »ins Herz der Finsternis« – eine Formulierung, die Christa Wolf von Joseph Conrad übernimmt, dessen Roman *Das Herz der Finsternis* sie an jenem Abend liest. An jenem Abend nach Tschernobyl, der alles verändert hat: »Alles, was ich habe denken und empfinden können, ist über den Rand der Prosa hinausgetreten.« Sprache, die sich schmerzlich ihrer Grenze vor dem Unsagbaren bewußt wird. Man denkt an den österreichischen Philosophen Ludwig

Wittgenstein: »Wovon man nicht sprechen kann, darüber muß man schweigen.« Gleichwohl weiß Christa Wolf und gibt dies auch in *Störfall* zu Protokoll: »Mein Gehirn, über das Normalmaß hinaus empfänglich für Sprache, muß gerade über dieses Medium auf die Werte dieser Kultur programmiert sein.« Und eben darum durchbricht sie die Barriere des Schweigens. Mehr noch: Sie gesteht, bisher noch zuwenig gesprochen zu haben: »Nicht zuviel – zuwenig haben wir gesagt, und das Wenige zu zaghaft und zu spät. Und warum? Aus banalen Gründen. Aus Unsicherheit. Aus Angst. Aus Mangel an Hoffnung.«

So ist es wenig erstaunlich, daß die Kulturfunktionäre der Leipziger Buchmesse im Herbst 1987 die Bedeutung von Christa Wolfs Buch, das sie, rückblickend auf den 26. April, von Juni bis September 1986 geschrieben hatte, herunterzuspielen versuchen. Günter Henning vom SED-eigenen Dietz-Verlag rückte die Reaktorkatastrophe gar in die Nähe des im gleichen Jahr geschehenen Fährunglücks von Zeebrügge, demgegenüber er keinen gravierenden Unterschied festzustellen vermochte. Gerade solche Buchführungssysteme im Dienste politischer Ideologien aber gehören für Christa Wolf wie die »Abwehrmechanismen ganzer Kulturen« zu den gefährlichen Blindflecken, die ins »Herz der Finsternis« führen.

»Der blinde Fleck« bedeutet aber auch das eigene Ungenügen. Er zeigt sich in der Weigerung, sich den eigenen Abgründen zu stellen, und in der Schuldzuweisung an die anderen. In *Störfall* ist von dem »Experiment, unsere Grenzschutzsicherungen abzubauen« die Rede, von der Einsicht in unsere »Lebenslüge« und den möglicherweise daraus resultierenden Depressionen, die bis zur Selbstmordgefahr sich steigern können – auch das ein »Gang zu den Müttern«, zu den dunklen Bezirken des Lebens, denen wir angehören.

Nur Selbsterkenntnis könnte die Welt noch retten – eine Forderung der Ethik. In *Störfall* führt die Ich-Erzählerin ein Telefongespräch mit ihrer Tochter, bei dem es um diesen Weg in die Tiefe geht. Wer ihn über alle Grenzen hinweg einschlägt, meint die Tochter, dem würde Mut zuwachsen

und der »depressive Druck« würde weichen, »ein zwar schmerzhafter, doch auch lustvoll-spannender Prozeß«. In diesem rückerinnerten Gespräch wird schließlich gefragt, warum »es nicht eine Chance für eine ganze Kultur sein« solle, »wenn es möglichst viele ihrer Mitglieder wagen können, der eigenen Wahrheit ohne Angst ins Gesicht zu sehen? Was ja heiße, die Bedrohung nicht dem äußeren Feind aufzubürden, sondern sie da zu lassen, wo sie hingehöre, im eigenen Innern«.
Tief leuchtet dieses Buch hinein in verborgene Landschaften und Winkel unserer Seele. Gerne in Abrede gestellte Entdekkungen der Psychoanalyse werden durch Selbstbeobachtung bestätigt. So etwa Freuds »Thanatos«, der in vielerlei Gestalten sich zeigende Todestrieb. Oder wie sonst sollte man es nennen, wenn über ein Telefongespräch mit einer Freundin erinnert wird: »Ob ich übrigens auch an mir beobachte, daß irgend etwas in mir geil sei auf diese bösen Nachrichten jede Stunde? Eine finstere Schadenfreude, gegen uns selbst gerichtet?« – Und die Erzählerin fährt fort: »Leider verstünde ich das, habe ich gesagt. – Na sieh mal, hat sie gesagt. Da wären wir schon zwei. Also sollten wir die ganze Angelegenheit vielleicht unter dem Gesichtspunkt unserer Mitschuld untersuchen. – Ein bißchen viel verlangt, habe ich gesagt. – Mitverantwortung? hat sie vorgeschlagen. – Du sagst es, habe ich erwidert.«
Westdeutsche Kritiker haben an *Störfall* das Ineinandergeflecht von Telefonaten, banalen Tätigkeiten in Haus und Garten, Erinnerungen an die Großeltern und dergleichen mit der Gehirnoperation des Bruders und dem Rückgriff auf Vorzeit und Evolution als inadäquates Stilmittel für die Beschreibung der Reaktorexplosion von Tschernobyl, dessen Name nicht einmal genannt werde, bezeichnet. Weil die physikalischen Abläufe und die bei der Explosion frei gewordene tödliche Energie unsichtbar und unserer Sinneswahrnehmung unzugänglich sei, wäre von vornherein »sinnliche Präsenz« nicht zu erreichen gewesen. Liegt aber, so ist hier zu fragen, nicht gerade darin der Kunstgriff der Autorin, das Kleine mit dem Großen, das Alltägliche mit dem Außeror-

dentlichen so zu verknüpfen, daß daraus ein Gleichnis für die Lebensganzheit wird? Der existentielle Antrieb, Schmerz, Trauer, Erbitterung, weitet sich in diesem Prosastück zum Horizont einer weitgefächerten Anthropologie, zu einer humanen Gegenwelt, aus der allein die Katastrophe deutbar wird. Gerade weil Tschernobyl nicht namentlich genannt wird, gewinnt es aus der Tabuzone seine volle Bedrohung und seine schreckliche Allgegenwärtigkeit. Es steht hinter jedem Satz. Tschernobyl, durch das »die Taue gerissen sind, die unser Lebensnetz an gewisse Halterungen befestigt hatte«, löste einen solchen Schock in der Autorin aus, daß sich ihr sogar das Gesicht ihres freundlichen Hauses inmitten der mecklenburgischen Idylle »zur Fratze verzerrt« hatte. Die Gehirnoperation des Bruders am selben Tag setzt jetzt Gedankenketten über die Evolution frei, die auf dem Weg von Reptil und Echse zum Homo sapiens führt, dessen Gehirntätigkeit ihn nun selbst wieder auszulöschen droht. Dabei sind wir Lebewesen der letzten drei Sekunden auf einer »24-Stunden-Skala« der irdischen Lebensentwicklung. *Der Mensch erscheint im Holozän.* Dieser Buchtitel von Max Frisch ist assoziativ in den Text mit einverwoben. Wir werden Zeugen der Streifzüge, die Christa Wolf in den »Dschungel des Gehirns« unternimmt, ins Zentrum menschlicher Intelligenz, durch die wir uns die Natur und Artgenossen unterwerfen, die uns aber auch nicht hindert, alle selbstauferlegten Normen und Regeln immer wieder, »und sei es um den Preis der Selbstvernichtung, unter Anwendung offener oder versteckter Gewalt zu durchbrechen –«.

Angesichts der Katastrophe, für die der Titel *Störfall* eine ironische Verharmlosung ist, fragt sie sich auch, ob »nicht da, ausgerechnet bei unserem Gehirn, in einem Evolutionsüberschwang, der allerdings seine Hunderttausende von Jahren gedauert haben mag, des Guten ein wenig zuviel getan wurde«.

Was geht in jenen Wissenschaftlern vor, deren Utopie vom »Sog des Todes«, von der »Machbarkeit des Nichts« überlagert wird? »Kein Chirurg«, heißt es in *Störfall*, »könnte in den Gehirnen der Männer, die sich die Verfahren zur soge-

nannten friedlichen Nutzung der Kernenergie ausgedacht haben, zu jener Gruppe neuronaler Verbindungen vordringen, die keine Ruhe gab. Deren Dauererregung nur zu stillen war durch die Arbeit an ausgerechnet den Problemen, die das ungebändigte Atom seinen Bändigern stellte. Ohne dieses Ziel, vermute ich versuchsweise, hätten sie nichts mit sich anzufangen gewußt; hätten maßlos unter ihrer überentwickelten Gehirntätigkeit leiden müssen –.«
Wo ist das Lustzentrum im Gehirn dieser Naturwissenschaftler? Auch diese Frage wird gestellt: »An welchem Kreuzweg ist womöglich die Evolution bei uns Menschen fehlgelaufen, daß wir Lustbefriedigung an Zerstörungsdrang gekoppelt haben. Oder, anders gefragt, welche Angst schottet jene jungen Männer so zuverlässig ab gegen das, was wir normalen Leute ›Leben‹ nennen. Eine Angst, die immens sein muß, daß sie lieber das Atom ›befreien‹ als sich selbst ...«

»Der blinde Fleck.
Das Herz der Finsternis.«

Christa Wolf sucht nicht nur bei anderen danach. Sie findet beide auch in sich selbst, im »Doppelgesicht der Sprache«. Sprache, so resümiert sie, schafft ja nicht nur Identität, markiert nicht nur den »Sprung in den ›vollmenschlichen‹ Zustand«, sie drängt, während sie Bewußtsein erweitert, zugleich auch intuitives Wissen, »bisher Bewußtes ins Unbewußte« ab. Das Unbewußte aber führt sein Eigenleben fort, »viele unserer tierischen Instinkte«, welche die Sprache verdrängte und auf die »wir nicht mehr – nie mehr! – zurückgreifen« können, sind deshalb nicht tot. Lichte Sprach- und dunkle Triebwelt leben möglicherweise nachbarschaftlich zusammen: »Wo, habe ich gedacht, müßte der blinde Fleck speziell bei mir, in meinem Gehirn liegen – falls er doch lokalisierbar sein sollte. Die Sprache. Das Sprechen, Formulieren, Aussprechen. Müßte das Zentrum höchster Lust nicht jenem finstersten Punkt benachbart sein? Der Gipfel neben dem Krater? ... Das Licht der Sprache hat auch ganze Bezirke meiner inneren Welt, die in meiner vorsprachlichen Zeit im Dämmerlicht gelegen haben mögen, ins Dunkel gesto-

ßen. Ich erinnere mich nicht. An irgendeiner Stelle, oder an vielen Stellen, haben wir jene Wildheit, Unvernunft, Tierischkeit in die Kultur hineinnehmen müssen, die doch gerade geschaffen wurde, das Ungezähmte zu bändigen. Die Echse in uns schlägt mit dem Schwanz. Das wilde Tier in uns brüllt. Verzerrten Gesichts stürzen wir uns auf den Bruder und bringen ihn um. Dann möchten wir uns das Gehirn aus dem Kopf reißen und den wilden Punkt suchen, um ihn auszubrennen. Amok laufen, weil unser Gehirn durchbrennt.«
Störfall: So groß ist der Schock, daß er bis an die Grenze der Selbstaufgabe, zum Zweifel am Sinn des Schreibens führt: »Ist es das wert, Bruder, ein Leben daranzusetzen, sich immer genauer, erkennbarer, unverkennbarer ausdrücken zu können?« Wenige Seiten später: »Was heißt denn das, was kann irgendeine, auch die gelungenste Formulierung überhaupt noch heißen, soviel ist schon geredet und geschrieben worden, immer dichter wird der Kordon des Wort-Ekels ...« Wort-Ekel, im Älterwerden bis zum »Umschlag in Selbst-Ekel« gesteigert, geht über alle bisher durchschrittenen Vorfelder hinaus. Der Mensch steht jetzt »vor der Zitadelle, und in seinen schwärzesten und wahrhaftigsten Stunden sieht er in ihr seine eigene Gestalt, da kann man von Schreck nicht mehr reden, oder von Grauen, da kann man überhaupt nicht mehr reden, denn mag es windstill sein im Zentrum des Zyklons, so ist es doch auch still (nicht ruhig: still, ohne Laut), Plus- und Minuspol fallen zusammen ...« Ein Erlebnis des Numinosen, ein Blick ins Gesicht der Medusa, das Erkennen der eigenen Gestalt im »Zentrum des Zyklons«. Es geht dabei »um den vollständigen Zusammenbruch«, und weil es sich um eine Schriftstellerin, eine Dichterin handelt, bleibt dieses Erlebnis gebunden an Sprache.
Christa Wolfs Störfall-Monologe berühren, während die radioaktive Wolke »böser und böser werdend, nach einer Wetterlage umherirrt, die es ihr erlaubt, abzuregnen«, auch Erfahrungen des Religiösen. Zunächst die lapidare Feststellung, daß unseren Kindern nun zu singen verboten werden muß: »Es regnet, Gott segnet/Die Erde wird naß/Da freun sich die Kinder/Da freut sich das Gras.« Dieser Gott ist nicht

mehr vorstellbar. Aber: »Neben dem einen Gott, der die Welt geschaffen hat und regiert, gibt es nach der Auffassung mancher Abweichler einen anderen Gott, der die Welt nicht geschaffen hat und sie nicht regiert. Einen fremden, unbekannten Gott.« Und nun folgt das Bekenntnis einer einmal gehabten Begegnung mit diesem Gott, das wie die moderne Übersetzung eines alten Mystikertextes anmutet: »Indem ich mein Sinnen und Trachten«, heißt es da, »auf ihn gerichtet habe, geschah es, daß ich seiner gewahr geworden bin. Eine Sekundenerfahrung, die in Worte zu fassen niemand mir zumuten wird. Nur soviel: Wenn ich mich recht erinnere, war der Gesichtssinn, unser Leitsinn, an meinem Erlebnis kaum oder gar nicht beteiligt. Obwohl ich gespürt habe, unter einer unerhörten, mich womöglich zerreißenden Anstrengung könnte ich die mich plötzlich umgebende Macht oder Kraft oder Energie oder Potenz (bis zum Schmerzhaften verdichtete Atmosphäre) auch dazu bringen, sich zu materialisieren: ihr Gesicht zu zeigen. Ich habe diese Anstrengung nicht gewagt. Eilig, eilig habe ich die Spannung, knapp ehe sie unerträglich wurde, wieder abgebaut, und meine Furcht ist groß gewesen.« Gefürchtet aber wurde nicht nur der Gegengott: »Ich fürchtete die Abgründe in mir selbst ...«

Sich im »Zentrum des Zyklons« selbst zu begegnen, die »Obsession« des Schreibens nahe dem »Herzen der Finsternis« angesiedelt zu wissen, dieses durch die letztlich nur scheinbar äußere Katastrophe einer Reaktorexplosion hervorgerufene Erlebnis – Hermann Hesse würde es ein »Erwachen« nach dem »Blick ins Chaos« genannt haben – lähmt Christa Wolf dennoch nicht ganz. Sie findet noch einen »Rest von Widerstand«, der sie fragen läßt, ob denn »Schreib-Lust und Zerstörung aneinander gekoppelt sein« *müssen,* auch wenn ihr »der Umkreis von Zerstörung um einen Schreibenden« schon früher bewußt war: »Wie oft habe ich ihn beobachtet, wie ihn gefürchtet, ihn manchmal umgehen, nicht immer vermeiden können ...«

Störfall schließt mit den Sätzen: »Spät in der Nacht bin ich von einer Stimme hochgeschreckt und von einem Heulen. Die Stimme hatte von weither gerufen: A faultless monster!

Das Heulen, habe ich nach geraumer Zeit gemerkt, ist von mir gekommen. Ich habe im Bett gesessen und geheult. Mein Gesicht ist von Tränen überströmt gewesen. Soeben war in meinem Traum ein riesengroßer, naher, ekelhaft in Zersetzung übergegangener Mond sehr schnell hinter dem Horizont versunken. Am nachtdunklen Himmel war ein großes Foto meiner toten Mutter befestigt gewesen. Ich schrie.
Wie schwer, Bruder, würde es sein, von dieser Erde Abschied zu nehmen.«
Subjektive Authentizität: weiter kann Christa Wolf nicht gehen. Schreiben wird sie auch weiterhin.
Störfall. Nachrichten eines Tages wird im Erscheinungsjahr 1987 mit dem Geschwister-Scholl-Preis ausgezeichnet. Dieser Preis, dem Andenken Sophie und Hans Scholls gewidmet, die aus der Reinheit ihrer Gesinnung heraus unter dem Namen »Die weiße Rose« zusammen mit Willi Graf, Christoph Probst, Alexander Schmorell und ihrem Lehrer Kurt Huber im Widerstand gegen die nationalsozialistische Barbarei ihr Leben lassen mußten, ist vielleicht die schönste unter der Vielzahl von Christa Wolfs bisherigen Auszeichnungen. In großer Bescheidenheit hat sie in ihrer Dankesrede fast nur von den Geschwistern Scholl und deren Opfer gesprochen. »Falls also Zweifel in mir aufkommen sollten«, sagte sie, »ob denn die Bemühung, aus dem eigenen Zentrum heraus zu schreiben, auch für andere sinnvoll sein könnte: Diese Literaturbesessenheit, dieser Ernst, mit dem beide geistige Nahrung aus – damals natürlich zumeist verbotenen – Büchern sogen, muß diesen Zweifel mildern.«
Aus jedem ihrer Worte, aus ihrer Stimme und aus ihren Gesten war die tiefe Anteilnahme vernehmlich, die Christa Wolf den Opfern der »Weißen Rose« entgegenbringt. Ihre Besorgnis aber gilt jenen Versuchen, das Vermächtnis des deutschen Widerstandes überhaupt zu dämpfen oder gar zu löschen, indem »man die Verbrechen in ihrer Einzigartigkeit zu relativieren sucht, Ursache und Wirkung vertauscht, ein eindeutig antifaschistisches Geschichtsbewußtsein denunziert und unterhöhlt«. Das war nicht nur auf die Bundesrepublik gemünzt; auch von der DDR sagte sie, daß »der Staat, an

dessen Spitze viele ehemalige Widerstandskämpfer standen und stehen, von einem bestimmten Zeitpunkt an die Bürger von der notwendigen Auseinandersetzung mit ihrem Anteil an der Schuld der braunen Jahre entlastet« habe, »indem er diese Vergangenheit an den anderen deutschen Staat delegierte«.

In ihrer Münchner Rede kam die Autorin schließlich auch auf das »neue Denken« zu sprechen, auf jenen Begriff, »der in Gefahr gerät, zum Schlagwort zu verkommen«. Sie jedoch möchte ihn ernst nehmen: »Für mich«, sagte sie, »ist dieses neue Denken im Kern nicht ökonomisch-technisch-militärisches, überhaupt nicht pragmatisches Denken, sondern eine Aufforderung, den Zielen und Werten dieser Kultur noch einmal gründlich nachzufragen, durch ein geistig-ethisches Konzept diesem Abendland noch eine Chance zu geben. Dies hat, von verschiedenen Gesichtspunkten aus, der kleine Kreis der Münchener Studenten um Hans Scholl schon damals bedacht.«

Wer Christa Wolf während ihrer Rede gesehen hat, der begegnete nicht nur einer klugen und bedeutenden Schriftstellerin, einer Persönlichkeit, die sich aus vielen Gestaltungen, vom idealistischen Mädchen bis zur schmerzhaft sehenden Kassandra, erhoben hat; er begegnete auch einer Frau, in deren noch immer jugendlich wirkenden Zügen sich Ernst und Anmut in einer schwer zu beschreibenden Weise mischen, viel eindrucksvoller noch, als man dies mittlerweile, elektronisch gefiltert, vom Bildschirm her kennt, und er begegnete einem Menschen, aus dessen hellen, hellwachen, ein wenig von Trauer umschatteten Augen, trotz aller Misere, die sie unbestechlich registrieren, Mut und Beharrlichkeit leuchten. »Besonnen«, sagte Christa Wolf, »doch unbeirrt sollte man in der Gesellschaft, in der man lebt, so weit wie möglich an Veränderungen mitwirken, die notwendig sind, um diese Erde für das nächste Jahrtausend bewohnbar zu erhalten.«

Auch eine »noch uneingelöste Schreibschuld« erwähnte sie in ihrer Münchner Dankesrede. Das angekündigte Thema: »Autoritätsgläubigkeit« und »Übereinstimmungssucht«. Wenn dieses Buch geschrieben werden wird, dann vor allem als Ermutigung gegen »die Angst vor Widerspruch und Widerstand, vor Konflikten mit der Mehrheit und vor dem Ausgeschlossenwerden aus der Gruppe«.

In dem Spiegel, den die Autorin sich selbst und ihren Lesern dann wieder vorhalten wird – was wird in ihm zu sehen sein? Vielleicht doch auch ein Schimmer jener Hoffnung, die dem Mutigen zuweilen noch jenseits der Hoffnungslosigkeit gegeben wird. Weibliches Schreiben, wie Christa Wolf es versteht, spiegelt ja nicht nur die tragische Welt der Kassandra wider, sondern immer auch ein Stück jener Sehnsucht, von der vor über zweieinhalb Jahrtausenden schon Sappho, die griechische Dichterin, erfüllt war, die nur preisen wollte, »wonach ein Liebender sich sehnt«.

Der Fluch der Medea

Hat Christa Wolf die 1987 in ihrer Dankesrede für den Geschwister-Scholl-Preis angekündigte »Schreibschuld« eingelöst? Unvorhersehbares, das weltpolitische Gefüge in seinen Grundfesten Erschütterndes geschah zwei Jahre später: die »Wende« im November 1989 mit dem gewaltlosen Aufstand der Bürger der DDR – »Wir sind das Volk!« – sowie der Zusammenbruch des sowjetischen Imperiums und seiner Satrapen. In den darauf folgenden fünf Jahren sah sich die Autorin in Deutschland einer Pressekampagne ausgesetzt, die sie zutiefst aufwühlte. Aus ihr selbst zunächst vorenthaltenen Stasi-Akten wurde ihr eine vom März 1959 bis Oktober 1962 währende Auskunftsbereitschaft gegenüber dem Ministerium für Staatssicherheit als IM (Informelle Mitarbeiterin) in Erinnerung gerufen. Daß sie dabei niemanden denunzierte oder gar ans Messer lieferte, spielte bei den massiven Angriffen auf die ehemalige »Staatsdichterin« ebenso wenig eine Rolle wie die Schließung ihrer Akte durch die Stasi wegen offensichtlicher Uneffizienz. Nach den Umzügen von Berlin nach Halle und von dort nach Kleinmachnow heißt es in zwei Aktennotizen der Bezirksverwaltung Potsdam vom 29.11.1962 lakonisch: »An einer Übernahme der IM nicht interessiert.« Wichtiger aber noch ist die völlige Umkehrung der Situation. Christa Wolf und ihr Mann wurden selbst Opfer einer permanenten Bespitzelung durch die Stasi. Unter dem Kennwort »Operativer Vorgang Doppelzüngler« ist dies in 42, für die Zeit von 1968 bis 1980 erhalten gebliebenen Stasi-Akten, der sogenannten »Opfer-Akte«, dokumentiert. Ein weitaus umfangreicheres Entlastungsmaterial als die gegen die Autorin verwendete IM-Akte, in der lediglich auf zwanzig Seiten von ihren Treffen mit Stasi-Leuten berichtet wird! Doch auch das wurde von selbstgerechten Kritikern kaum gewertet. Christa Wolf war nun »Die ängstliche Margarete« (nach ihrem offensichtlich mit Erfolg

verdrängten selbstgewählten Decknamen), die »zaghafte Opportunistin«, »sehr auf Karriere bedacht«, wie ein Stasi-Informant urteilte, oder auch die »Primadonna dolorosa der DDR-Literatur« in ihrer »ganzen Zwiespältigkeit«.
Günter Grass dagegen sprach von einer »Hetzjagd gegen Christa Wolf«, von »Hinrichtungsvorbereitungen« durch eine bestimmte Presse, in der sie »fertiggemacht« werden soll. »Erkennbar ist der Versuch«, schreibt er ihr am 9. Februar 1993, »mit dieser über dreißig Jahre zurückliegenden Episode Deine über Jahrzehnte hinweg bewiesene kritische Haltung und mit ihr Dein literarisches Werk zu entwerten. Das darf nicht geschehen ... Du sollst wissen, daß Du hierzulande, trotz aller Anfeindungen und selbstgerechter Aburteilungen, nicht isoliert bist; ich bin sogar der Meinung, daß – weil das Maß überzogen wurde – die Stimmung sich zumindest versachlicht.«
Christa Wolf aber, von Antje Vollmer als »östlicher Zwilling von Heinrich Böll« gelobt, fühlt sich »bis hin zum Vernichtungsgefühl« beschädigt. »Es ist nicht ganz leicht, der eigenen öffentlichen Vivisektion beizuwohnen«, antwortet sie Grass am 21. März 1993 aus Santa Monica, Kalifornien. Vom September 1992 bis Juli 1993 lebt sie dort als Gast des Getty Center for the History of Art and the Humanities.
Eine konfliktreiche Zeit. Nicht nur auf äußere Angriffe und Verletzungen hat sie zu reagieren. Schwerer noch wiegen das erneute Nachdenken über sich selbst, die uneingeschränkte Erforschung des eigenen Ich, das Hinabsteigen in eine Epoche längst überwundener »Autoritätsgläubigkeit« und »Übereinstimmungssucht« einer poetischen Existenz, der es, wie bereits im »Kindheitsmuster«, um radikale Wahrheitssuche geht.
»In den letzten Wochen hatte ich Tag und Nacht damit zu tun«, schreibt sie am 2. März 1993 aus Santa Monica an Karin Friedrich, »mich einerseits mit dem Horrorbild auseinanderzusetzen, das durch die Presse über mich verbreitet wurde; ich wußte, wenn ich dieses Bild in mich hineinlasse, bin ich verloren. Andererseits mußte und muß ich mich natürlich mit jener Person aus der Zeit, aus der die unselige

Akte stammt, auseinandersetzen, muß die schreckliche Fremdheit überwinden, die ich zu ihr empfinde, und lernen, auch zu diesem Menschen, der ich einmal war, ›ich‹ zu sagen. Es ist unheimlich schwer, unglaublich schmerzhaft – dagegen verblassen manchmal die Angriffe von außen.«
In einem Interview vom 28. Januar 1993 kann sie der Berliner »Wochenpost« gegenüber ihre Entwicklung seit der Hallenser Zeit immerhin so sehen: »Eine zunehmende Auflösung der Identifizierung mit Leitbildern, wachsende Kritikfähigkeit und Wahrnehmung der Widersprüche in meiner Umgebung. Es kam zu ersten Auseinandersetzungen mit mir in Parteigremien, zu erstem öffentlichen Tadel an meiner Haltung, zum Beispiel zum XXII. Parteitag der KPdSU. Ich schrieb in jenen Jahren am ›Geteilten Himmel‹. Diese Bewegung zum Schreiben hin, das das Zentrum meines Lebens wurde – in anderer Weise als die mir nächsten Menschen –, hat den Loslösungsprozeß von Ideologiedogmen und der mit ihnen verknüpften Praxis unumkehrbar gemacht.«
Nur wer ohne Kenntnis des literarischen Werkes von Christa Wolf urteilt – wie ein Münchener CSU-Stadtrat, der ihr den Geschwister-Scholl-Preis absprechen wollte –, kann diesen Loslösungsprozeß im veränderten, auch thematisch erweiterten »Sehraster« der Autorin verleugnen.
Und überhaupt: Ist es nicht nachvollzieh- und entschuldbar, wenn ein an den Unzulänglichkeiten der condition humaine Leidender eine Spanne seines Lebens hindurch dem utopischen Denken huldigt und einer profan-politischen Heilslehre anhängt, die den »Neuen Menschen« zu schaffen verspricht, den Bürger einer Gesellschaft von Harmonie und Lebensganzheit, in der alle tragische Zersplitterung des Menschenschicksals, alles Leiden, alles Alleinsein, alle Liebesferne aufgehoben sind? Es waren nicht die schlechtesten Geister, die diesen Traum, der von den frühesten Utopisten an die gesamte abendländische Geschichte hindurch immer wieder geträumt wurde, für realisierbar hielten. Ihm huldigte auch die frühe Kommunistin Christa Wolf. Die Einsicht, daß gerade in der mystischen Alleinheit von Volk, Partei und Staat, in der aller Zwiespalt harmonisiert werden soll, die

größte Verlockung des Menschen zum Abfall von sich selbst liegt, ist umso schmerzlicher, als damit auch der Blick frei werden muß für die Gewalttätigkeit des sozialistischen Experiments nach sowjetischem Muster: den Zwang der Menschen zum Glück bis hin zur Mauer und den davor Erschossenen.

Der kühne Utopismus des Planes, den »Neuen Menschen« zu schaffen, bestand in der Negierung der Schranken unserer Erziehbarkeit. Diese wurden, wie bereits an anderer Stelle erwähnt, der Autorin schon verhältnismäßig früh bewußt. Den Zwang zum Glück ironisiert sie nach E.T.A. Hoffmannschem Muster bereits in der 1970 erschienenen Geschichte *Neue Lebensansichten eines Katers*. Darin geht es um kybernetisch erzeugtes »TOMEGL« – »TOTALES MENSCHENGLÜCK«. Ob der Professor, der mit zwei Mitarbeitern rastlos den Computer füttert, um die Formel zur Herstellung dieses Zustands zu erhalten, nicht auch »der Meinung sei«, wird da gefragt, »daß die Menschheit zu ihrem Glück gezwungen werden müsse?« Und spöttisch räsoniert der listige Kater: »Diese unerschrockenen Männer, welche die Menschheit vom Zwang zur Tragödie befreien wollen, müssen sich selbst in tragische Verstrickungen begeben. Der entscheidende Schritt ins TOMEGL kann bei der gegenwärtigen Unreife großer Teile der Menschheit nicht anders geschehen als durch Zwang. Die aber den Zwang ausüben müssen, sind harmlose Menschen wie diese drei, die, anstatt immer nur den anderen voranzuschreiten, doch auch lieber ein wenig länger schlafen, ihr Gesicht tagsüber hin und wieder in die Sonne halten und abends nach einer anregenden Fernsehsendung ihrer Frau beiwohnen möchten. Ich hatte Märtyrer vor mir!«

Fast zwei Jahrzehnte später, 1989, erschien dann die wehmütig auf eine Zeit glücklichen Zusammenlebens mit Gleichgesinnten zurückblickende Erzählung *Sommerstück*. In dem Text, der »in seinen frühen Fassungen bis 1982/83 niedergeschrieben« wurde und noch vorhandene Zukunftshoffnungen erkennen läßt, wird auch das rüde und pietätlose Verhalten eines jungen Stasi-Bonzen geschildert. »Was er ist«, so wird

der mit einem neuen »Wartburg« Anrauschende vorgestellt, »der soll ja wohl bei der Sicherheit sein.«
Die der umfangreichen Erzählung angefügte Schutzbehauptung, keine der Figuren sei mit einer lebenden oder toten Person identisch, ist eher verräterisch: Alle Protagonisten, insbesondere die weiblichen, tragen Züge der Autorin, sind Teile der »multiplen Wesen«, aus denen ihr Ich sich zusammensetzt. Am stärksten ist das an der Figur der Ellen zu beobachten. »Was sie verschwieg«, wird über sie gesagt, war dies: »daß sie sich noch einmal zu verändern begann. Daß sie sich nicht mehr wie ein von falschen Wörtern und Vorstellungen besetztes Land vorkam. Scham spricht nicht. Sonst müßte sie sagen: Ein mit eigener Zustimmung, aus eigenem freien Willen besetztes Land. Am allersichersten Ort hatte die fremde Macht, die Gewalt über sie gehabt hatte, sich vor ihr versteckt gehalten: in ihren Augen. So daß die fremde Macht mit meinen Augen sah, durch mich selbst, dachte Ellen. Und keiner des anderen, aber auch ich meiner selbst nicht gewahr werden konnte. Und daß ich denken mußte, den Fremdkörper von mir abzutrennen, würde mich zerreißen.«
Im Jahr der Veröffentlichung dieser Erzählung, deren elegischer Ton sich mit sensiblem psychologischem Einfühlungsvermögen paart, im Juni 1989, erklärt Christa Wolf ihren Austritt aus der SED. Am 4. Novembver hält sie auf einer Großkundgebung auf dem Berliner Alexanderplatz eine kurze Rede über die »Sprache der Wende«. »Stell dir vor, es ist Sozialismus, und keiner geht weg!« ruft sie den Tausenden zu. Man kann Monika Maron kaum widersprechen, wenn sie feststellt, daß dieses Auftreten »weniger mit Politik als mit Illusionen zu tun« hatte. Im Versuch, »das nächste sozialistische Experiment zu empfehlen«, sieht die 1988 von Ost-Berlin in den Westen übersiedelte und nun selbst als IM bloßgestellte Erfolgsautorin eine »Anmaßung«.
Christa Wolf aber glaubt noch immer an die Rettung des Sozialismus unter der Flagge der Humanität.
Schon ein Jahr später beginnen die Angriffe auf sie. Auslöser ist neben der Stasi-Akte ihre Erzählung *Was bleibt.* Darin

wurde die jahrelange Observierung der Autorin durch die Schnüffler der Staatssicherheit literarisch verarbeitet. Daß Christa Wolf dieses Prosastück, das sie bereits im Juni–Juli 1979 und im November 1989 zu Papier gebracht hatte, erst jetzt, 1990, veröffentlichte, nicht aber als Protestliteratur noch während des DDR-Regimes, kreidet man ihr an. Dabei handelt es sich bei dieser Erzählung keineswegs um eine das eigene Ich entlastende Schuldzuweisung an das nun abgeschüttelte Zwangssystem. Im Gegenteil. Wie immer bei Christa Wolf steht das »Erkenne Dich selbst!« im Mittelpunkt. »Ich selbst«, wird da gefragt: »Wer war das. Welches der multiplen Wesen, aus denen ›ich selbst‹ mich zusammensetzte. Das, das sich kennen wollte? Das, das sich schonen wollte?« Und dann der Satz: »Mit meinem Mörder Zeit bin ich allein.«

Der Dauerattacken müde, erklärt Christa Wolf im März 1993 ihren Austritt aus den Akademien der Künste Berlin, Ost und West. Während all dieser Turbulenzen erfährt sie weiterhin nationale und internationale Anerkennung: 1990 die Ehrendoktorwürde der Universität Hildesheim, den Premio Mondello in Palermo für die italienische Ausgabe von *Sommerstück* sowie die Verleihung des Ordens »Officier des arts et des lettres«, Paris. 1991 wird sie Honorary Member der American Academy and Institute of Arts and Letters. 1992 erfolgte die bereits erwähnte Einladung des Getty Center von Santa Monica.

Wie aber steht es mit der Einlösung ihrer Schreibschuld? An den »Zustand zwischen Hoffnung und Hoffnungslosigkeit gewöhnt«, wie es schon in *Sommerstück* heißt, reichte die Kraft der Autorin zunächst wohl »nur« zu Texten der Kurzform. Sie alle zusammen aber bilden ein beeindruckendes Mosaik unter der angekündigten Thematik und einem wiederum erneuerten »Sehraster« auf einer weiteren Stufe der Selbsterkenntnis. Das gilt insbesondere für die Texte aus den Jahren 1990 bis 1994, die Sammlung chronologisch angeordneter Reden und Aufsätze, Prosastücke, Briefe und Tagebuchaufzeichnungen, die unter dem vieldeutigen Titel *Auf dem Weg nach Tabou* 1994 erschienen sind. Ein Meister-

stück daraus etwa der Essay *Nagelprobe*, in dem Wörter und Sprachbilder bis in ihre tiefsten Ursprünge hinein durchleuchtet und auf ihre magische Substanz hin durchschaubar werden. »Früheste Schreckensvorstellungen« der Autorin aus ihren Kindertagen von der bösen Frau, die in der Nageltonne den Abhang hinuntergerollt wird, verbinden sich in diesem Prosastück in einer Art von Traumlogik mit Günther Ueckers Holz-Nagel-Arbeiten und Nagelfetischen aus dem Kongo ebenso wie mit den breitköpfigen, »mit liebevoller Genauigkeit« gemalten Nägeln in den schmerzverzerrten Händen des Gekreuzigten auf Matthias Grünewalds Isenheimer Altar. Eine bis ins Alptraumhafte führende Reflexion, die im Leser Assoziationen zu Kafkas grausamer »Egge« in der Landarzt-Erzählung hervorzurufen vermag. Unausgesprochen, aus der Diktion aber umso suggestiver hervortretend, kommt die Ablehnung dieser im Menschen angelegten sado-masochistischen Substanz durch die Autorin zum Ausdruck und ihre Trauer über die »Botschaft der Vergeblichkeit« humaner Erlösung.
Der Titel dieses Buches ist für Christa Wolf bezeichnend: »Tabou« nämlich ist »ein Ort, den es nicht gibt, dessen Name immer wieder aufleuchtet, lockend, verführend«, so lange, bis wir uns »aufmachen müssen, ihn zu suchen«, was »nur unter äußerster Anstrengung aller körperlichen und geistigen Kräfte« gelingt. Die Suche nach Utopia klingt in diesem Titel an, die »Reise nach Tabou« führt, wie könnte es anders sein, »ins Zentrum aller Sehnsucht.«
Ist sie je zu stillen, diese Sehnsucht nach Liebe, Menschlichkeit und Harmonie?
»Es ist dahin gekommen, daß es für meine Art, auf der Welt zu sein, kein Muster mehr gibt, oder daß noch keines entstanden ist, wer weiß.«
Dies spricht die archaisch-matriarchale Heldin in Christa Wolfs Roman *Medea,* der 1996 mit dem Untertitel »Stimmen« erschien. In diesem Prosawerk von ähnlich lapidarer Sprache wie *Kassandra* wird das Schicksal der antiken Zauberin aus der Argonautensage von ihr selbst, ihrem Geliebten Jason sowie vier weiteren Stimmen in suggestiven Mo-

nologen, die sich wechselseitig ergänzen und weitertreiben, erzählt. Und wieder deutet die Autorin den vielfach bearbeiteten Mythenstoff, der u.a. von Ovid, Seneca, Grillparzer und Anouilh aufgegriffen wurde, in überzeugender Weise um. Aus der verabscheuungswürdigen Kindsmörderin, als welche Medea 431 v. Chr. erstmals durch Euripides' Drama literarische Form gewann, wird nun die überlegene Entlarverin eines mörderischen Verbrechens, das am Hofe König Kreons von Korinth geschah: Seine Tochter Iphinoe war zur Machterhaltung ihres Vaters, der jede »Hoffnung auf eine neue Weiberherrschaft« im Keim ersticken wollte, in verborgener Aktion den Göttern geopfert worden. Gegen die Wahrheitsfinderin schmieden Kreon und seine Hofschranzen nun ein Komplott, verleumden Medea in Umkehrung der eigenen Blutschuld als Brudermörderin und stoßen sie in die Verbannung.

Mit Jason, dem sie gegen den Willen König Aietes aus Kolchis, dessen Tochter sie ist, zum streng gehütetetn Goldenen Vlies verholfen hat, war Medea nach Korinth geflohen. Von da an, als sie dort zur Spurensucherin des Mordes wird, auf dem Kreons Herrschaft sich gründet, verfolgt der Roman ihre Geschichte. Medea wird zum Sündenbock für alle verdrängten Untaten der Mächtigen. Sogar der Urheberschaft eines Erdbebens und der Pest zeiht sie der Pöbel – das klassische Beispiel eines Sündenbockmechanismus, wie er seit Jahrtausenden funktioniert. Das facettenreiche Porträt dieser Medea in neuer Sicht, das auch Macht- und Machtmißbrauchsstrukturen von zeitloser Gültigkeit aufdeckt, wird, wie schon *Kassandra,* auf dem Hintergrund einer welthistorisch bedeutsamen Umbruchsepoche gezeichnet. Wieder ist es die Zeit zwischen untergehendem Matriarchat und aufstrebendem, staatenbildenden Patriarchat, in welcher die Romanhandlung spielt. Kreons feudaleres Korinth steht dabei für das Patriarchat, während das heimatliche Kolchis am Schwarzen Meer sich noch aus matriarchalen Wurzeln nährt. Selbst Jasons thessalische Gefolgsleute finden es »eigentlich übertrieben, wie die Kolcher ihre Frauen hielten, als hinge von ihrer Meinung und ihrer Stimme etwas Wesentliches ab.«

Aus dieser matriarchal geprägten Welt, über der noch der Glanz der Großen Muttergöttin schwebt, kommt Medea. Sie vertritt das Gefühl vor dem Gedanken, die Intuition vor dem politischen Kalkül, das Glücksstreben vor selbstentfremdendem Pragmatismus. Sie ist Priesterin, Heilerin, Liebende. Von Jason seiner patriarchalischen Machtgelüste wegen im Stich gelassen, nimmt sie sich Oistros, den Bildhauer, der sie wie ein »Abbild der Göttin« porträtiert, zum Geliebten, einen Mann, des es schaffte, »erwachsen zu werden, ohne das Kind in sich umzubringen ...« Von fern her klingt hier noch Thematisches aus »Kindheitsmuster« nach. Die Schwierigkeit des Hinabsteigens in die eigene Tiefe wird im Medea-Roman in der Figur der Glauke sichtbar. In Medeas Begegnung mit der überlebenden Tochter Kreons kommt das Phänomen der Verdrängung mit allen ihren seelischen Auswirkungen und Beschädigungen zu eindrucksvoller Darstellung.

Ein Meisterverdränger ist auch Kreon selbst. Er, der mit seinen Helfern aus Korinth »eine Art Schlachthaus« machte, tat das keineswegs aus Eigennutz, »nur die Sorge um Korinths Zukunft habe ihn bestimmt«, bekennt er seinem mitverschworenen Ersten Astronomen, dem verschlagenen Akamas, der seinen Anteil an der Blutschuld ebenfalls damit rechtfertigt, daß er das Notwendige »nicht aus persönlichem Gefallen, sondern nach höheren Gesichtspunkten« zu tun entschied. Staatsraison gegen Menschlichkeit – ein altvertrautes Muster.

Medea – ein Buch, das nicht nur mehrstimmig erzählt, sondern auch zu vielschichtiger Interpretation herausfordert. Es geht darin auch um die Auseinandersetzung zwischen positivem, vom Staat gesetztem, Recht und dem Naturrecht, in der die Protagonistin und ihre wenigen Freunde auf Seiten des Naturrechts stehen. Man mag sich bei dieser Thematik auch an Anouilhs *Antigone* oder Hebbels *Agnes Bernauer* erinnern.

Auf jeder Seite des Romans aber ist Christa Wolfs Vertrautheit mit den Ergebnissen moderner Matriarchatsforschung herauszulesen. In ihrer neuen Heldin, die im pratriarchal gefärbten Mythos zur bösen Zauberin und Hexe pervertierte,

lebt die tragische Gestalt einer dem Untergang geweihten matriarchalen Welt weiter, erglänzt aber auch noch der Schimmer einer ursprünglichen Göttin, deren Personifizierung sie einst gewesen sein mag.
Trotz der existenzbedrohenden Widrigkeiten, denen die Autorin in den Konfusionen unserer Zeit persönlich ausgesetzt war, vertiefte sie weiter ihren seit den 80er Jahren durch das frauenemanzipatorische Engagement bereicherten »Seh-Raster«. Und wie bereits in der dritten und vierten Frankfurter Poetik-Vorlesung angesprochen, führt dieser keineswegs in eine mythomane Vernunftfeindlichkeit. Medeas subkutane Gegenwartsbezüge bewahren sie vor der Verherrlichung irrationaler, archaisch-matriarchaler Kulte, auch wenn Jason sie zuerst als Opferpriesterin erlebt. »Medea als Opferpriesterin vor dem Altar einer uralten Göttin des Volkes«, heißt es da, »in ein Stierfell gehüllt, eine aus Stierhoden gefertigte phrygische Mütze auf dem Kopf, Zeichen der Priesterin, die das Recht hat, Schlachtopfer zu vollziehen. Und das tat Medea. Sie schwang am Altar das Messer über dem geschmückten Jungstier und schlitzte ihm die Halsschlagader auf, daß er in die Knie brach und verblutete. Die Weiber aber fingen das Blut auf und tranken davon, und Medea als erste, und mir schauderte vor ihr, und ich konnte den Blick nicht von ihr wenden, und ich bin sicher, sie wollte, daß ich sie so sah, schrecklich und schön, ich begehrte sie, wie ich noch nie eine Frau begehrt hatte, ich hatte nicht gewußt, daß es dieses Begehren gibt, das dich zerreißt, und ich floh, als die Weiber im Blutrausch zu stampfen anfingen und gräßlich zu tanzen, und ich wußte, ohne die Frau konnte ich nicht mehr weg. Ich mußte sie haben.«
Auf dem Weg ihrer inneren Entwicklung wird aber Medea selbst noch vor der Erkenntnis schaudern: »So dicht liegt das blutrünstige Innere unter der gezähmten Außenschicht.« Als sie in Korinth einem Artemis-Fest beiwohnt, das in »einen brodelnden Kessel der Gewalt« ausartet, erbricht sie sich. »Ich weiß nicht, wie ich auf den Tempelhof, wie ich zur Artemis-Statue gekommen bin. Was ich zuerst wahrnahm, waren die Hoden der geopferten Stiere, die man der Göttin

angeheftet hatte, als hätten ihre Brüste sich über den ganzen Leib vervielfältigt. Ein ekliger Behang. Sie stanken, die Stierhoden. Ich spuckte darauf.«
Keinerlei kritiklos-feministische Verherrlichung matriarchaler Blutrituale also, wenngleich die Erinnerung an die uralte Mondgöttin in ihrem tröstlichen Aspekt aufrecht erhalten bleibt.
Im Verlauf von Medeas Geschichte verleiht ihr das grausame Schicksal die Überlegenheit der Verzweiflung. »Wollen die Götter mich lehren«, sagt sie am Schluß des Romans, »wieder an sie zu glauben. Da lach ich nur. Jetzt bin ich ihnen über. Wo sie mich auch abtasten mit ihren grausamen Organen, sie finden keine Spur von Hoffnung, keine Spur von Furcht an mir. Nichts nichts. Die Liebe ist zerschlagen, auch der Schmerz hört auf. Ich bin ganz frei. Wunschlos horch ich auf die Leere, die mich ganz erfüllt.«
Und dann der große Schock – Medeas Fluch auf die Welt Kreons und aller seiner Kreaturen: »Fluch über euch alle ... Ein gräßliches Leben wünsch ich euch und einen elenden Tod. Die Würmer sollen euch fressen bei lebendigem Leib. Euer Geheul soll gegen den Himmel steigen und soll ihn nicht rühren. Ich, Medea, verfluche euch.
Wohin mit mir. Ist eine Welt zu denken, eine Zeit, in die ich passen würde. Niemand da, den ich fragen könnte.«
Damit endet der Roman. Seinem ersten Kapitel hat Christa Wolf die Verse aus Senecas *Medea* als Motto vorangestellt:

> »Alles, was ich begangen
> habe bis jetzt, nenne
> ich Liebeswerk ...
> Medea bin ich jetzt,
> gewachsen ist meine Natur
> durch Leiden.«

Ein Kreis ist geschlossen. Wie stark wird Medea sein, ihre neue Freiheit jenseits aller Hoffnung zu ertragen?

Zeittafel

1929 Christa Wolf am 18. März in Landsberg/Warthe (dem heutigen Gorzów Wielkopolski) geboren.
1939–45 Besuch der Oberschule in Landsberg.
1945 Flucht und Umsiedlung nach Mecklenburg.
1945–46 Schreibkraft beim Bürgermeister in Gammelin bei Schwerin. Besuch der Oberschule in Schwerin. Aufenthalt in einem Lungensanatorium.
1947 Umzug nach Bad Frankenhausen am Kyffhäuser.
1949 Abitur in Bad Frankenhausen. Beitritt zur SED.
1949–53 Germanistikstudium in Jena und Leipzig. Diplomarbeit über »Probleme des Realismus im Werk Hans Falladas« bei Hans Mayer.
1951–56 Heirat mit Gerhard Wolf, dem 1928 geborenen Germanisten und Essayisten (1951). Geburt der Töchter Annette (1952) und Katrin (1956).
1953–59 Wissenschaftliche Mitarbeiterin beim Deutschen Schriftstellerverband. Redakteurin der Zeitschrift *Neue deutsche Literatur.* Cheflektorin des Jugendbuchverlages »Neues Leben«.
1955 Mitglied des Vorstandes des Deutschen Schriftstellerverbandes. Erste Reise in die Sowjetunion.
1959–62 Umzug nach Halle. Freiberufliche Lektorin beim Mitteldeutschen Verlag in Halle. Praktische Arbeit im VEB Waggonbau-Betrieb Ammendorf in Zusammenhang mit dem »Bitterfelder Weg«. Herausgeberin von Anthologien zeitgenössischer DDR-Literatur. Erste (1960) der später zahlreichen Reisen in die Bundesrepublik Deutschland.
1961 *Moskauer Novelle,* Erzählung. Kunstpreis der Stadt Halle.
1962 Umzug nach Kleinmachnow bei Berlin, nunmehr freie Schriftstellerin.
1963 *Der geteilte Himmel,* Erzählung. Heinrich-Mann-Preis der Akademie der Künste Berlin.
1963–67 Kandidatin des ZK der SED vom VI. bis VII. Parteitag.
1964 DEFA-Film *Der geteilte Himmel* unter der Regie von Konrad Wolf. Nationalpreis III. Klasse der DDR für Kunst und Literatur.

1965 Diskussionsbeitrag auf dem 11. Plenum der SED. Mitglied des P.E.N.-Zentrums der DDR. Lesereise nach Finnland.

1967 *Juninachmittag,* Erzählung.

1968 *Nachdenken über Christa T.,* Roman.

1969 Lesereise nach Schweden. Aufenthalte im Genetisch-Biologischen Forschungszentrum Gatersleben.

1971 *Lesen und Schreiben,* Aufsätze und Betrachtungen. Polenreise.

1972 *Till Eulenspiegel,* Erzählung für den Film (von Christa und Gerhard Wolf). Ablehnung des Wilhelm-Raabe-Preises der Stadt Braunschweig. Parisaufenthalt.

1973 Theodor-Fontane-Preis für Kunst und Literatur des Bezirks Potsdam.

1974 *Unter den Linden, Drei unwahrscheinliche Geschichten.* Mitglied der Akademie der Künste der DDR. Als Gast am Oberlin College, Ohio, USA.

1975 DEFA-Film *Till Eulenspiegel* nach Motiven der Filmerzählung unter der Regie von Rainer Simon. Lesereise in die Schweiz.

1976 *Kindheitsmuster,* Roman. Mitunterzeichnung des »Offenen Briefes« gegen die Ausbürgerung Wolf Biermanns. Ausschluß aus dem Vorstand der Berliner Sektion des Schriftstellerverbandes der DDR.

1977 Literaturpreis der Freien Hansestadt Bremen.

1979 *Kein Ort. Nirgends,* Erzählung. *Fortgesetzter Versuch,* Aufsätze, Gespräche, Essays. Herausgabe der Schriften der Karoline von Günderrode. Aufnahme in die Deutsche Akademie für Sprache und Dichtung, Darmstadt.

1980 *Lesen und Schreiben. Neue Sammlung,* Essays, Aufsätze, Reden. *Gesammmelte Erzählungen.* Georg-Büchner-Preis der Deutschen Akademie für Sprache und Dichtung. Griechenlandreise.

1981 Mitglied der Akademie der Künste, Berlin (West). Teilnahme an der »Berliner Begegnung zur Friedensförderung«.

1982 Poetik-Vorlesungen an der Universität Frankfurt am Main. Gerhard Wolfs Hörspielfassung von *Kein Ort. Nirgends* wird im WDR gesendet. Lesereise nach Frankreich.

1983 *Kassandra,* Erzählung. *Voraussetzungen einer Erzählung: Kassandra,* Frankfurter Poetik-Vorlesungen. Schiller-Gedächtnispreis des Landes Baden-Württemberg. Ehrendoktorat der Ohio State University, USA. Gastprofessorin an dieser Universität. Lesungen in New York, Los Angeles und San Francisco. Lesereise in die Bundesrepublik.

1984 Mitglied der Europäischen Akademie der Künste und Wissenschaften, Paris. Franz-Nabl-Preis der Stadt Graz. Lesereise in Österreich und Italien.

1985 *Ins Ungebundene geht meine Sehnsucht. Gesprächsraum Romantik*, Prosa, Essays (mit Gerhard Wolf). Österreichischer Staatspreis für Europäische Literatur. Honorary Fellow, Modern Language Association of America. Ehrendoktorat der Universität Hamburg. Lesereise nach Frankreich.

1986 Mitglied der Freien Akademie der Künste, Hamburg. Teilnahme am P.E.N.-Kongreß in Hamburg. Griechenland- und Spanienreise.

1987 *Störfall. Nachrichten eines Tages. Die Dimension des Autors*, Essays und Aufsätze, Reden und Gespräche 1959–1985. Geschwister-Scholl-Preis des Stadtrates München und des Verbandes der Bayerischen Verlage und Buchhandlungen. Gastvorlesungen an der Eidgenössischen Technischen Hochschule Zürich. Nationalpreis I. Klasse der DDR für Kunst und Literatur.

1988 *Ansprachen, Reden, Briefe, Reflexionen.*

1989 *Sommerstück.* Im Juni Austritt aus der SED. Am 4. November Rede auf der Berliner Großkundgebung *Sprache der Wende.*

1990 *Was bleibt.* Premio Mondello in Palermo für italien. Ausgabe von *Sommerstück.* Ehrendoktor der Universität Hildesheim. Orden »Officier des arts et des lettres«, Paris.

1991 Honorary Member der American Academy and Institute of Arts and Letters.

1993 Gast im Getty Center for the History of Art and the Humanities in Santa Monica, Kalifornien. Brigitte Reimann, Christa Wolf. *Sei gegrüßt und lebe. Eine Freundschaft in Briefen.* Im März Austritt aus den Akademien der Künste Berlin, Ost und West.

1994 *Auf dem Weg nach Tabou. Texte 1990–1994.*

1996 Der Roman *Medea. Stimmen* erscheint.

Quellen und Literatur

I. Quellen

Alle Werke von Christa Wolf sind, mit Ausnahme *Auf dem Weg nach Tabou* (Kiepenheuer & Witsch, Köln), nach den im Luchterhand Verlag, Darmstadt und Neuwied, nunmehr München, erschienenen Bänden zitiert.

II. Literatur

Von der reichhaltigen Sekundärliteratur seien nur erwähnt:

Hilzinger, Sonja: *Christa Wolf.* (Sammlung Metzler), J.B. Metzlersche Verlagsbuchhandlung, Stuttgart 1986.
Stephan, Alexander: *Christa Wolf.* (Beck'sche Reihe, Autorenbücher), Verlag C.H. Beck, München 1987.

Eine von Alexander Stephan erstellte Bibliographie befindet sich in dem Christa Wolf gewidmeten Heft 46 von *Text + Kritik* (Zeitschrift für Literatur), hrsg. von Heinz Ludwig Arnold, 3. Aufl., 1985; darin auch Beiträge über Christa Wolf von Thomas Beckermann, Ingeborg Drewitz, Heidi Gidion, Manfred Jäger, Lothar Köhn, Günter Kunert, Alexander Stephan, Anthony Stephens/Judith Wilson und Sigrid Weigel.
Vinke, Hermann (Hrsg.), Akteneinsicht Christa Wolf. Zerrspiegel und Dialog. Eine Dokumentation. Luchterhand Literaturverlag, Hamburg 1993.

Inhalt

Reise ins Tertiär 5

Der neue Mensch 20

Über die Schwierigkeit, ich zu sagen 33

Die Lust, erkannt zu werden 41

Begreifen, daß wir ein Entwurf sind 50

Kassandra 60

Gang zu den Müttern 72

Ins Herz der Finsternis 82

Der Fluch der Medea 94

Zeittafel 105

Quellen und Literatur 108